AF198597

Juliane Drechsel

Bitte keine Weiterbildung

und andere Geschichten

Impressum

Das Werk, einschließlich seiner Teile, ist urheberrechtlich geschützt. Jede Verwertung ist ohne Zustimmung des Verlages und des Autors unzulässig. Dies gilt insbesondere für die elektronische oder sonstige Vervielfältigung, Übersetzung, Verbreitung und öffentliche Zugänglichmachung. Die Geschichten in diesem Buch sind wie das wahre Leben. Personen oder Begebenheiten, die es so oder ähnlich gegeben haben könnten, sind rein zufällig. Kommentare sind willkommen an: info@juliane-drechsel.de

Bibliografische Information der Deutschen Nationalbibliothek: Die Deutsche Nationalbibliothek verzeichnet diese Publikation in der Deutschen Nationalbibliografie; detaillierte bibliografische Daten sind im Internet über http://dnb.dnb.de abrufbar.

© 2020 Juliane Drechsel

Herstellung und Verlag: BoD – Books on Demand, Norderstedt

ISBN: 978-3-7519-5328-3

Am Ende geht es immer um die Liebe

INHALT

Bitte keine Weiterbildung   9

Aftershowparty   37

Die spezielle Freundin   47

Sehnsucht nach Luxor   50

After Work Talk   61

Im Zug – Junge Mutter   66

Date am See   70

Falscher Single   73

Katzentatoo   76

BITTE KEINE WEITERBILDUNG

1.

Tina ahnt nicht im geringsten, welche Turbulenzen ihr bevorstehen. Von wegen läuft alles nach Plan. Sie hat als Hoteltesterin ein gratis Wochenende in Hamburg für zwei Personen. Zufällig findet dort auch ein Motivations-Seminar statt, an dem sie gerne teilnehmen möchte. Das lässt sich ideal verbinden. Das Datum für zwei Hotelübernachtungen kann sie sich aussuchen. Das einzige Problem ist: Alles ist für zwei Personen. Das Hotel sowieso und das Seminar zum Sonderpreis wäre für die zweite Person kostenlos. Wen könnte sie dafür begeistern, mitzukommen?

Da fällt ihr nur Ed ein, der für jeden Spaß zu haben ist und sich immer wieder um Tina bemüht. Vor drei Wochen hatte sie zum wiederholten Male mit ihm Schluss gemacht, weil er einfach nur nervt. Entweder ist er zum Totlachen witzig oder er jammert, schimpft und meckert über Alles, was ihm gerade einfällt.

Egal, besser mit Ed als ganz allein. Sie hat sich die letzten Tage manchmal einsam gefühlt, auch weil sie nicht allein ausgehen mag. Spontan ruft sie Ed an.

„Kommst du mit zum Rock´n Roll-Abend am Samstag im Lu? Ich hab mal wieder Lust zum Tanzen. Es ist schon einige Wochen her seit dem letzten Mal."

„Supi! Da komme ich gerne mit. Ich brauche dringend Abwechslung. Dieser Scheißjob bei der Zeitarbeitsfirma ist ganz schön nervig. Die wollen mir die Fahrtzeit zur Baustelle nicht bezahlen. Das lass´ ich mir nicht gefallen. Blablabla…."

„Vergiss jetzt Mal das unangenehme Thema und genieße das Wochenende", unterbricht Tina seinen Redeschwall.

„Ja, da hast du eigentlich Recht. Ich freue mich schon auf Samstag Abend. Soll ich dich um acht Uhr abholen?"

„Ja gerne. Ich hab auch eine tolle Überraschung für dich. Das erzähle ich dir dann bei einem Glas Wein im Lu."

Ed ist begeistert. „Du lädst mich ein? Das finde ich Klasse!"

2.

Die Wirtin Lu kommt in der kleinen Tanzkneipe erfreut auf Tina und Ed zu und begrüßt beide mit einer Umarmung. „Schön dass ihr wieder da seid."

Ein paar Stammgäste grüßen mit einem fröhlichen „Hallo". Renate raunt Tina zu: „Du warst ja lange nicht hier. Bist du wieder mit Ed zusammen?"

„Wir bleiben Freunde", antwortet Tina. Dann wendet Renate sich an Ed und fragt: „Wie geht es dir? Was macht der neue Job?"

„Hör bloß auf. Mit dem Job bin ich in letzter Zeit total unzufrieden. Mein Arbeitgeber zahlt mir viel zu wenig."

„Komm, wir tanzen", unterbricht Tina das leidige Thema und zieht Ed auf die Tanzfäche.

Dann setzen sie sich in die hintere Ecke, wo es nicht so laut ist. Bei einem Glas Rotwein lenkt Tina das Gespräch auf Eds Lieblingsthema, seinen Garten.

„Ich hab mal wieder Lust auf Gartenarbeit. Aber nicht, wenn du Krach machst und den Rasen mähst. Ich bringe dann auch Kuchen mit", sagt Tina.

„Supi, jetzt im April kann ich jede Hilfe gebrauchen. Ich bin jeden Tag im Garten, bis es dunkel wird. Da ist immer was zu tun."

Letztes Jahr hatte Tina in Eds Garten zwei Beete mit Erdbeeren und Gemüse angelegt und das Gewächshaus, in dem vorher nur Gerümpel stand, ausgeräumt und dort Möhren und Tomaten gesät. Ed kümmert sich lieber um den Rasen, die Blumen, Hecken und Bäume. Da ist immer viel zu tun. Gelegentlich helfen ihm auch andere Freundinnen im Garten, wenn er sie zum Kaffee oder Tee und Kuchen einlädt. Den Kuchen backt Tina dann auch gerne. Dafür erntet sie im Sommer die Früchte aus seinem Garten und kocht Marmelade für beide.

Ein Freund von Ed kommt. „Hallo, ihr beide. Wie läuft es mit deinem Job, Ed?"

"Nicht so gut. Ich will jetzt nicht drüber reden", antwortet Ed. Alle Freunde und Bekannte von Ed wissen, das ihm der Job als Elektriker bei der Zeitarbeitsfirma nicht gefällt. Alle haben Mitleid mit Ed, nur Tina will davon nichts wissen. Jammern nützt gar nichts. Schließlich hat Ed sich für den Job entschieden und sollte das Beste daraus machen. Ungerechtigkeiten muss er sich nicht gefallen lassen. Auch Arbeitgeber haben die Pflicht, Verträge einzuhalten.

Tina erzählt Ed vom bevorstehenden Wochenende als Hoteltesterin in Hamburg. Ed ist total begeistert und will am liebsten mit. Obwohl er weiß, dass Tina den Aufenthalt mit einem Seminar verbindet. Von diesem Sprungbrett-Seminar für Unternehmer und Gründer will Ed überhaupt nichts wissen. Es ist hauptsächlich für Leute, die sich verändern und weiterbilden wollen.

„Ich kann eine Begleitperson mitnehmen, wenn ich will", sagt Tina.

„Supi! Dann komm ich mit."

„Zum Seminar auch?"

„Nein, Weiterbildung brauch ich nicht, nur den Hotelaufenthalt. Ich hab andere Sorgen, will mich an den Wochenenden entspannen, ausruhen und ausschlafen. Von Weiterbildung will ich momentan gar nichts wissen!"

„Gut, du bekommst von mir zwei Hotelübernachtungen und dafür nimmst du mich mit dem Auto mit nach Hamburg", schlägt Tina vor.

„Supi, so machen wir das. Prost."

Sie stoßen mit Rotwein auf das gemeinsame Wochenende an.

„Ich muss mich dann aber auf dich verlassen können, dass wir am Samstag früh pünktlich zum Seminarbeginn um neun Uhr vor Ort sind", gibt Tina zu bedenken. Aus Erfahrung weiß sie, dass Ed es mit Terminen nicht so genau nimmt und oft zu spät kommt.

„Das kriegen wir schon hin", sagt Ed.

„Gut. Aber für Essen und Trinken musst du dort selber sorgen. Nur die Übernachtungen sind kostenlos."

„Da mach dir mal keine Sorgen. Ich kenne mich aus in Großstädten."

„Okay. Und morgen komme ich zur Gartenarbeit", verspricht Tina.

3.

Wie verabredet klingelt Tina am Sonntagnachmittag bei Ed. Doch keiner macht auf. Vielleicht ist er schon im Garten? Sie geht ums Haus durch das Gartentor und schaut durch den Wintergarten ins Wohnzimmer. Er sitzt vor dem Computer. Sie klopft an die Scheibe. Ed kommt freudestrahlend raus:

„Hallo meine Freundin!"

„Hallo mein Freund. Ist deine Klingel kaputt?" fragt Tina.

„Nee, die hab ich abgestellt, damit mich keiner stört", antwortet Ed.

„Aber du hattest mich schon erwartet, oder?"

„Ja natürlich! Komm rein. Ich hatte gerade mit meinem Freund Harry gechattet."

Eds Schreibtisch sieht aus wie immer. Doch jedes Mal sieht er Tina den entsetzten Blick an. Unterlagen, ungeöffnete und geöffnete Briefe liegen dort kreuz und quer durcheinander und scheinen ihn nicht im geringsten zu stören.

Ed sagt: „Komm, mach nicht so ein Gesicht. Was machen wir denn jetzt schönes?"

„Wir gehen in den Garten. Bei dem schönen Wetter können wir ja nachher die Feuertonne anmachen."

Ed stellt den Computer aus und zieht seine Gartenhose an, während Tina ihre bei Ed deponierte Gartenjacke anzieht. Sie machen einen Rundgang und Ed zeigt, was im Garten alles gemacht werden muss.

„Okay, dann lass uns anfangen", sagt Tina.

Es kommt ein großer Haufen mit vertrockneten Sträuchern und Ästen zusammen, die in der Feuertonne gleich verbrannt werden sollen. Sie arbeiten, bis es dunkel wird.

Abends trinken sie Tee und essen Käsebaguette dazu. Anschließend machen sie es sich auf dem Sofa bequem und sehen einen Film an. Wie früher, als sie ein Liebespaar waren. Obwohl Tina seinen Küssen ausweicht, ist Ed glücklich, sie wieder umarmen zu dürfen.

Ed schenkt Rotwein in die kleinen Sherrygläser, die er ebenso wie die historischen Bücher mit der gesamten Einrichtung von seinen Eltern geerbt hat. Seine Eltern hatten früher gerne Sherry getrunken. Obwohl er schon oft gefragt und auch erklärt bekommen hat, welche Gläser für welche Getränke sind, kann er es sich nicht merken und nimmt immer wieder die Sherrygläser für Wein.

Gegen Mitternacht begleitet er Tina, die eine Straße weiter um die Ecke wohnt.

4.

Gestern Abend hat Ed auf Tinas AB gesprochen:

„Hallo mein Schatz, hier ist Ed. Du bist wohl schon unterwegs. Ich liebe dich."

Heute hat sie die Bestätigung als Hoteltesterin für das Hotel in Hamburg bekommen. Allerdings zwei Einzelzimmer anstatt ein Doppelzimmer wie ursprünglich angegeben. Vielleicht ist es auch besser so. Da kann Tina sich intensiver mit dem Seminar beschäftigen, anstatt mit Ed die Abende vor dem Fernseher zu verbringen. Sie leitet die Bestätigungsmail an Ed weiter. So braucht sie ihm keine langatmigen Erklärungen abgeben. Am Nachmittag sendet sie ihm noch eine Facebook-Nachricht, dass sie ihm Mails mit Informationen zur Reise geschickt habe.

„Danke, schau ich mir morgen vielleicht an, wenn ich Zeit habe", antwortet Ed per Chat.

Ed ist immer sehr beschäftigt. Mit telefonieren, chatten, essen, trinken und dabei fernsehen. Irgendetwas Interessantes kommt immer, auch wenn es nur Nachrichten oder der Wetterbericht ist. Und dann noch den großen Haushalt, die Spülmaschine bedienen, die Wäsche waschen, den Müll entsorgen und vieles mehr. Allein seinen Schreibtisch aufzuräumen würde Wochen dauern. Deshalb fängt er erst gar nicht damit an. Lieber kümmert er sich um andere ebenso wichtige Dinge wie Beziehungen und Freundschaften per Telefon, Skype und Chat zu pflegen. Und schließlich hat er mit seinem Haus und dem großen Garten ja auch immer viel zu tun. „Da bleibt keine Zeit für Bürokram", sagt Ed immer wieder.

Als er noch arbeitslos war, hatte Tina ihm geholfen, die vielen Jobangebote vom Jobcenter zu bearbeiten, weil er deswegen angemahnt wurde. Da hatte sie noch Unterlagen aus dem Vorjahr auf dem Schreibtisch gefunden, die dann in Ordner abgeheftet wurden.

Am Nachmittag ruft er an, erzählt vom Garten, von der Arbeit und den Kollegen, blablabla. Tina ist so frech und unterbricht ihn:

„Hast du inzwischen deine Mails gelesen?"

„Nee, hatte noch keine Zeit, mach ich morgen. Ist denn was wichtiges?"

„Ja, Informationen zur Wochenendreise, wie wir uns als Hoteltester im Hotel zu verhalten haben und so weiter. Und die Seminar-Bestätigung hab ich auch an dich weitergeleitet. Da kannst du den Ablauf sehen und wann ich Pausen habe."

„Von Weiterbildung will ich gar nichts wissen. Das ist das Letzte, was ich brauch! Ich muss mich ausruhen, entspannen! Blablabla...."

Genervt unterbricht sie wieder seinen Redefluss. „Okay, bis dann."

Ed muss noch eine Schicht zur Arbeit, bevor er sein freies Wochenende hat.

5.

Es ist Freitag Mittag. Ed ruft an. „Hallo meine Freundin. Hast du schon gepackt?"

Tina antwortet: „Nee, hab nur ein paar Sachen raus gelegt, die ich mitnehmen will. Ich schreibe gerade eine Liste für die wichtigen Sachen, damit ich nichts vergesse. Irgendetwas vergesse ich fast bei jeder Reise. Und ich habe noch einen Kuchen gebacken für unser Wochenende."

„Das ist ja schön. Da freue ich mich schon drauf. Dein Kuchen ist immer sehr lecker", sagt Ed.

„Weißt du schon, wie wir fahren müssen und hast du zufällig einen Stadtplan von Hamburg?"

„Nee, weiß ich nicht. Dazu hab ich auch keine Zeit. Mach du das bitte. Und druck die Route aus, du hast ja mehr Zeit."

Ed ist wieder einmal unverschämt und launisch. Warum ruft er an, wenn er doch absolut keine Zeit dazu hat? Irritiert und mit unterdrückter Wut antwortet Tina:

„Hahaha! Also bist du morgen früh pünktlich um halb acht bei mir? Das Seminar fängt um neun Uhr an."

„Das kriegen wir schon hin", antwortet Ed.

„Also dann bis morgen früh. Ich hab auch noch viel zu erledigen", sagt Tina und legt auf.

6.

Ed kommt kurz vor halb acht. Er trägt eine weit geschnittene schwarze Hose, die aussieht, als wäre sie eine Nummer zu groß, und seine braune Lieblings-Kapuzenjacke dazu. Naja, egal. Hauptsache bequem.

Ed begrüßt Tina mit einem flüchtigen Küsschen auf den Mund.

"Guten Morgen, meine Freundin", sagt Ed fröhlich.

„Guten Morgen. Was hast du denn für 'ne Hose an? Die hab ich ja noch nie gesehen."

„Jaaa, hab ich extra für dich angezogen. Du siehst ja wieder chic aus, meine Freundin." sagt Ed mit einem selbstbewussten Lächeln.

„Danke", sagt Tina und behält ihre Gedanken für sich. Egal. Hauptsache es gefällt ihm. Sie hat einen hellgrünen Pullover zur schwarzen Jeans an. Dazu schlüpft sie in ihre weißen Stiefel und nimmt die schwarze Winterjacke mit. Schließlich ist es immer noch kein Frühlingswetter und sie friert immer schnell. Vor allem, wenn sie in Seminaren lange sitzen muss und kaum Bewegung hat.

„Falls nötig, werde ich am Sonntag den Hosenanzug zum Seminar anziehen. Den hab ich auch im Koffer", sagt sie.

„Soll ich den Koffer nehmen oder die Laptoptasche?" fragt Ed.

„Nimm mal den Koffer. Den Rest trage ich selbst", antwortet sie.

Ed trägt Tinas Koffer die Treppe runter. Er hat seinen geliebten alten verbeulten Audi direkt an der Straße vor ihrer Wohnung geparkt.

„Soll ich fahren?" fragt Tina.

„Brauchst du nicht, ich fahre selbst."

„Okay, dann zeig ich dir, wo´s lang geht", antwortet Tina und steigt ein. Im Auto prüft sie ihre Unterlagen. Teilnahmebestätigung, Hotelgutschein, Ausweis, die Wegbeschreibung nach Hamburg und vom Seminarhaus zum Hotel, alles dabei.

„Hast du schon gefrühstückt? Ich hab uns zwei Stück Kuchen eingepackt."

„Wir fahren erst mal hin. Vielleicht haben wir ja noch genug Zeit zum Frühstücken in der Nähe", antwortet Ed.

„Okay. Hast du meine Mails gelesen?"

„Ja."

„Gut, dann weißt du ja, dass wir die Hotelzimmer erst ab fünfzehn Uhr in Anspruch nehmen können. Wir können aber vorher einchecken", sagt Tina.

„Ich mach das schon, ich kenn´ mich aus mit Hotels", sagt Ed selbstsicher.

Und hast du was ausgedruckt?"

„Nein."

„Dann geb´ ich dir mal die Hotelbestätigung, falls du vor mir da bist. Von halb zwei bis halb drei habe ich eine Stunde Mittagspause. Dann können wir uns ja treffen", schlägt Tina vor.

„Das weiß ich noch nicht. Vielleicht bin ich zu müde und muss mich erst mal ausruhen."

„Okay. Dann geh ich direkt zum Hotel. Das sind etwa drei Kilometer laut Plan. Und was machst du?"

„Mach dir mal keine Gedanken. Ich weiß schon, was ich mache", sagt Ed abweisend.

Es geht mich also nichts an, was er mittags macht. Und mich in der Pause treffen will er offensichtlich nicht, denkt Tina. Sie ist sehr enttäuscht, lässt sich aber nichts anmerken und gibt sich gleichgültig.

Ed fährt direkt zum Seminar in die Moorweidenstraße. Er findet nur einen Behindertenparkplatz. Zum Glück hat er noch den Behindertenausweis seiner verstorbenen Mutter im Handschuhfach, den er für solche Notfälle aufbewahrt.

Tina gibt Ed ihre Notebooktasche und sagt: „Hier, die kannst du tragen. Ich trage meine Handtasche, die ist auch schwer. Da ist die Kamera drin."

„Brauchst du das alles?" fragt Ed.

"Weiß ich noch nicht", antwortet Tina.

Ed begleitet sie zum Seminarraum. Sie haben noch zwanzig Minuten Zeit, bevor die Veranstaltung beginnt.

„Komm, wir frühstücken hier erst mal. Das sieht gut aus", sagt Ed, nimmt ihre Hand und führt sie zur Bäckerei an der Straßenecke.

„Willst du auch ein Brötchen?" fragt Ed.

„Ja gerne, oder so ein Gebäck." Tina zeigt auf die Auslage.

„Das ist gemütlich hier. Da kann ich in Ruhe meine Zeitung lesen", sagt Ed und schlürft seinen Kaffee. Tina isst ihr Hefegebäck und trinkt den Kaffee aus.

„Lass dir ruhig Zeit. Ich geh schon mal. Bis später", verabschiedet sie sich und geht zum Seminar.

„Tschüss", sagt Ed und schaut dabei angestrengt in die Zeitung.

Zur Mittagspause kommt Tina pünktlich um halb zwei aus dem Seminarhaus. Ed ist nicht zu sehen. Also macht sie sich direkt auf den Weg zum Hotel. Natürlich ist sie sehr enttäuscht, dass Ed die Mittagspause nicht mit ihr verbringen will. Nach zwanzig Minuten ruft Ed an.

„Wo bist du?"

„Auf dem Weg zum Hotel, weißt du doch", antwortet sie.

„Ich sitze hier gerade in einem schönen Restaurant und habe hier ein paar Teamkollegen von deinem Seminar angetroffen. Willst du nicht auch kommen?"

„Ich kenne mich hier überhaupt nicht aus und finde da sowieso nicht hin", antwortet sie und geht weiter Richtung Hotel.

„Das ist ganz in der Nähe vom Seminarhaus. Gleich um die Ecke in der Grindelstraße."

„Ich hab keine Ahnung, wo diese Straße ist, habe nur den Plan von der Moorweidenstraße zur Amsinckstraße in der Hand. Ich bin schon kurz vor dem Bahnhof."

„Welcher Bahnhof?" fragt Ed.

„Kann ich nicht erkennen. Ich nehme an, das ist der Hauptbahnhof."

Tina geht unbeirrt weiter und denkt: Er hätte mich ja beim Seminarhaus zur Pause abholen können, aber daran hat er wohl nicht gedacht. Chance verpasst, wie er immer so schön sagt.

„Du, ruf mich gleich zurück, wenn du wieder da bist. Du hast ja mehr Einheiten auf dem Handy", sagt Ed.

„Okay, tschüss", antwortet sie enttäuscht.

Viertel nach zwei ruft sie zurück. Ed hört sein Handy wohl nicht. Sie spricht auf seine Mailbox:

„Ich habe das Hotel nicht gefunden, bin wohl zu weit über die Kennedybrücke gelaufen und gehe jetzt schnell zurück. Das Seminar geht in einer Viertelstunde weiter."

Nicht einmal den Handyanruf kann er annehmen, obwohl er mich extra um Rückruf gebeten hat, denkt Tina. Erst um drei Uhr während des Seminars ruft er zurück und spricht auf ihre Mailbox: „Hallo Tina, hier ist Ed. Ich bin jetzt im Hotel und die wollen den Hotelgutschein haben. Sonst soll ich bezahlen. Ruf bitte zurück."

Natürlich hatte Tina ihr Smartphone während des Seminars ausgeschaltet, um nicht zu stören. Zum Ende des ersten Seminartages steht Ed pünktlich um sieben Uhr abends im Vorraum des Seminarhauses. Tina ist angenehm überrascht.

„Wollen wir was essen gehen? Hier gibt es schöne Restaurants in der Gegend", schlägt Ed vor.

„Ja gerne. Ich bin sehr hungrig, hatte mittags nur unterwegs meinen Energydrink und in der Pause um vier gab es Kaffee und Kuchen", antwortet Tina.

„Komm, wir packen deine Sachen ins Auto und gehen spazieren, oder bist du zu müde?"

„Nein, nein, überhaupt nicht! Im Gegenteil! Ich hab ja die meiste Zeit gesessen und hab jetzt Bewegung nötig."

Vor dem kleinen afghanischen Restaurant „Hindukusch" bleiben sie stehen.

„Mal gucken, was es hier gibt", sagt Ed und studiert den Aushang neben der Tür. Tina nimmt den Flyer und sagt: „Sieht gut aus."

Ed zögert noch. Inzwischen geht ein Pärchen an ihnen vorbei in das Restaurant und nimmt die letzten zwei Plätze ein. Tina und Ed schauen sich im Restaurant um. Der Kellner sagt:

„Tut mir leid, leider ist gerade alles besetzt."

„Wieso hast du draußen so lange gewartet?", blufft Ed Tina an.

„Iiich? Ich hab dir doch gesagt, dass ich sehr hungrig bin."

Sie essen in einem kleinen China-Restaurant in der Nähe und trinken dazu chinesischen Tee. Schmeckt gut ist aber sehr wenig. Tina will Eds Einladung nicht zu sehr ausnutzen. Sie können ja später noch was trinken. Beim Bezahlen wird Ed komisch und fragt:

„Hast du kein Geld dabei?"

„Meine Tasche ist doch im Auto", antwortet Tina.

„Nächstes Mal nimmst du es bitte mit!"

Widerwillig bezahlt Ed die sechs Euro für Tina mit. Eigentlich hatte sie erwartet, dass er sie einladen würde. Schließlich hat sie von ihm auch nichts für das Hotel verlangt, obwohl sie dafür eine Pauschale bezahlt hatte. Sie sagt aber nichts, hat keine Lust zum Streiten. Sie gehen schweigend spazieren. Ed zeigt Tina das Uni-Gelände und den Park in der Nähe. „Die haben eine große Bücherei. Die hab´ich mir angesehen", sagt er. Dann fahren sie zum Hotel. Im Auto fragt Tina: „Was war denn im Hotel? Musstest du was bezahlen?"

„Nein, aber das dauerte, bis ich die endlich überzeugt hatte und die mir endlich ein Zimmer gegeben haben. Ich hatte ja die Hotelbestätigung gezeigt, aber angeblich ist da noch keine Zahlung eingegangen."

„Ich hatte ja auch nur die Pauschale als Hoteltester an die Auftraggeber überwiesen. Die Hotelrechnung müssen die bezahlen. Naja, wir werden das gleich klären. Ich hab ja den Hotelgutschein dabei."

„Warum hast du den mir nicht mitgegeben?" fragt Ed.

„Erinnerst du dich nicht? Du hattest ein Vorgespräch abgelehnt. Mit der Begründung: Da gibt's nix zu besprechen. Ich kenn' mich aus mit Hotels."

Im Hotel an der Rezeption durchsucht Tina ihre Tasche und findet den Hotelgutschein nicht.

„Ich kann den Gutschein nicht finden. Ich hatte ihn in das Arbeitsbuch gelegt, aber da ist er nicht. Vielleicht hab ich ihn in der Seminarhalle verloren. Kann ich ihn morgen nachreichen?"

Die junge Frau hinter der Rezeption antwortet: „Moment, ich frage mal nach." und telefoniert.

„Also, wir brauchen den Gutschein, denn der Aufenthalt ist noch nicht bezahlt."

Tina zeigt ihr die per E-Mail eingegangene Hotelbestätigung:

„Sehen Sie, hier steht, dass ich in der Anlage den Gutschein bekommen habe. Wenn Sie mir etwas Zeit geben und einen Drucker zur Verfügung haben, kann ich ihn nochmal ausdrucken."

„Moment, ich frage mal nach."

Sie telefoniert wieder. Inzwischen durchwühlt Tina ihre Notebooktasche und findet den Gutschein.

„Hier ist der Gutschein, ich hab' ihn doch gefunden."

„Dankeschön, das ist in Ordnung. Hier bekommen sie Ihr Zimmer. Und für die Unannehmlichkeiten bekommen Sie zwei Getränkechips, die Sie hier gerne einlösen können."

Ed nimmt Tinas Laptoptasche und sagt: „Komm, ich zeig dir wo's lang geht. Ich kenn' mich hier schon aus."

Ed drückt den Fahrstuhlknopf. Es dauert. Tina schlägt vor: „Wollen wir nicht lieber die Treppe nehmen? Wir haben doch nicht viel Gepäck."

„Ich laufe heute nicht mehr viel. Ich will endlich die Schuhe ausziehen und mich ausruhen."

Sie fahren mit dem Fahrstuhl in die fünfte Etage. Ed zeigt Tina sein Zimmer. Da steht ihr Koffer. Sie macht ein paar Fotos. Dann nimmt sie ihren Koffer mit und sie fahren in die siebte Etage zu ihrem Zimmer. Ed lässt sich auf Tinas Bett fallen. Sie zieht ihre Stiefel aus und holt die bequemen Sneaker aus dem Koffer.

„Ich bin froh, dass ich endlich meine Stiefel ausziehen kann. Meine Füße sind schon heiß gelaufen. Wollen wir gleich unsere Chips einlösen?"

„Ich bin mit einmal so müde und meine Füße tun weh", antwortet Ed.

„Dann wechsel doch die Schuhe."

„Welche denn? Ich hab doch nur diese."

„Sagtest du nicht, du hättest auch deine Sportsachen eingepackt?" fragt Tina.

„Ja."

„Dann hast du auch Sportschuhe mit. Die ziehst du gleich an", schlägt sie vor.

„Na gut, kommst du mit in mein Zimmer und dann gehen wir zusammen runter?" fragt Ed.

„Geh du schon mal vor, wir treffen uns gleich unten in der Lobby", antwortet Tina.

Sie macht sich kurz frisch, wäscht ihre Füße im Waschbecken und zieht bequeme Schuhe an. Dann nimmt sie ihre Kameratasche und geht die Treppe runter.

In der Lobby trifft sie Ed in Turnschuhe und Jogginghose. Er schafft es immer wieder, sie zu überraschen. Sie sagt: „Ich hatte aber nur die Sportschuhe gemeint, nicht die Jogginghose."

„Ist doch egal. Wollen wir unten in der Bar was trinken?"

„Mit der Jogginghose? Wir können doch auch hier einen Tee trinken."

„Ich will aber was anderes trinken. Außerdem will ich mich da umsehen, scheint nett zu sein. Eben sind da ein paar junge Leute reingegangen."

„Na gut, dann kann ich da auch gleich ein paar Fotos machen."

Hinter der hell leuchtenden Bar grüßt ein junger Mann mit einem fröhlichen „Hallo". Im Raum stehen runde Stehtische und Barhocker. Tina steuert einen der Tische in der Nähe der Bar an. Hier ist es hell genug, um die Getränkekarte, die auf dem Tisch liegt, lesen zu können. Die Teelichter auf den Tischen geben nur wenig Licht. Weiter hinten sitzen fünf junge Leute und unterhalten sich angeregt. Mehr Gäste sind hier nicht.

Tina sagt: „Hier gibt's leckere Cocktails. Ob wir die auch für die Chips bekommen?"

„Glaub ich nicht."

„Ich frag mal", sagt Tina und geht zur Bar.

„Was bekomme ich für diese Chips?"

„Alles", antwortet der Barmann freundlich.

„Dann nehme ich ein Sex on the Beach - und was willst du, Ed?"

„Ich muss erst mal gucken."

„Wenn dir nix einfällt, nimm das gleiche. Schmeckt gut, hab ich schon mal getrunken."

„Ich nehme ein Tequila Sunrise."

Tina knipst ein paar Fotos von der Bar und den Cocktails, die sie dann genießen. „Sehr lecker", sagt Ed. Er schwärmt von Hamburg, dem Uni-Gelände, dem botanischen Garten, was er alles gesehen hat, wo er überall war und was er sich noch ansehen will.

„Wollen wir morgen früh hier gemütlich frühstücken?" fragt Tina.

„Wie kommst du denn morgen früh zum Seminar?"

„Bringst du mich denn nicht hin?"

„Weiß ich nicht, vielleicht will ich ja ausschlafen", antwortet Ed.

Was soll das denn schon wieder? Warum macht es ihm Freude, mich zu ärgern? Das werde ich wohl nie verstehen, denkt Tina und unterdrückt ihre Wut. Ruhig und sachlich sagt sie: „Das müsste ich dann aber schon vorher wissen. Dann fahr ich eben mit der Bahn oder dem Bus. Wann weißt du es denn?"

„Mal sehen", sagt Ed gelangweilt.

„Dann schlag ich vor, du bringst mich hin und legst dich anschließend wieder ins Bett."

„Geht das denn? Stört da nicht der Zimmerdienst?" fragt Ed.

„Ich dachte, du kennst dich aus in Hotels. Da gibt es in jedem Zimmer ein Bitte-nicht-stören-Schild. Das hängst du vor deine Zimmertür und du hast deine Ruhe."

„Na gut. Ich fahr dich hin."

„Super! Hast du den Kuchen schon gegessen oder liegt der noch im Auto?"

„Der muss wohl im Auto liegen, warum?"

„Dann esse ich morgen auf der Fahrt ein Stück Kuchen und trinke beim Seminar den Kaffee. Dann brauchen wir erst um halb neun hier losfahren."

Kurz vor Mitternacht gehen sie in ihre Zimmer. Tina stellt fest. dass ihre Leselampe nicht funktioniert. Also verzichtet sie diesmal auf Lesen vor dem Einschlafen.

7

Um fünf Uhr wacht Tina plötzlich auf, denkt im ersten Moment, sie hätte verschlafen. Sie geht pinkeln und schläft beruhigt wieder ein. Sie hat ja noch zwei Stunden Zeit, bis der Handywecker klingelt.

Sie wacht wieder auf und schaut auf die Uhr. Ups, es ist schon acht! Und der Wecker hat um sieben nicht geklingelt, weil Sonntag ist. Daran hatte sie gestern Abend nicht gedacht. Sie hatte den Wecker für die Wochenenden immer eine Stunde später eingestellt.

Schnell ruft sie Ed an, er ist schon auf dem Weg zu Tina und klopft gerade an ihre Tür. Sie lässt ihn rein und sagt: „Ich hab verschlafen, bin gerade eben aufgewacht. Komm, ich beeil mich, dann kommen wir vielleicht noch pünktlich hin. Hast du schon Kaffee getrunken?"

„Nee, ich bin auch noch total müde", antwortet Ed.

„Unten steht ein Kaffeeautomat."

„Ich will meinen Kaffee in Ruhe trinken."

„Okay, ich gebe dir dort einen Kaffee aus", sagt sie.

Um halb neun ist sie fertig. Im Auto isst sie ein Stück von dem selbstgebackenen Kuchen. Sie kommen rechtzeitig zehn Minuten vor Seminarbeginn an und haben sogar noch Zeit für einen Kaffee.

„Danke. Du kannst dir ja Zeit lassen und den Kaffee in Ruhe austrinken. Und was machst du gleich?"

„Ich werde wohl wieder ins Hotel fahren und mich ausruhen, das ist mir wichtig", antwortet Ed.

Tina bietet Ed eine weitere Chance und fragt: „Kommst du zur Mittagspause um halb zwei?"

„Das weiß ich noch nicht. Du kannst mich ja anrufen", antwortet er.

Pünktlich zur Mittagspause steht Tina am Ausgang und schaut sich um. Ed ist nicht gekommen, also ruft sie ihn an. Das hätte sie sich sparen können. Er geht nicht ans Handy, also spricht sie auf seine Mailbox: „Ich hab jetzt eine Stunde Pause. Ich gehe spazieren und was essen."

Vierzig Minuten später ruft Ed zurück: „Wo bist du?"

„Weiß ich nicht genau, ich sitze draußen vor dem Restaurant El Dino."

„In welcher Straße?"

„Moment – es ist in der Glindestraße, gegenüber ist ein Telefonshop. Jetzt ist die Pause auch bald vorbei. Tschüss bis heute Abend um neunzehn Uhr", sagt sie.

Tina genießt die Sonne im Straßencafé, isst ein Käsebaguette und trinkt Kaffee. Ed kommt nach fünf Minuten und setzt sich dazu. Sie fragt: „Hast du schon gegessen?"

„Ja, ich hatte Hunger" antwortet er.

„Schade, ich hätte dich gerne eingeladen."

„Macht ja nix, ich hol mir einen Kaffee", sagt Ed und legt seine Stofftasche auf den Tisch, bevor er ins Café geht. Kurz darauf kommt er mit dem Kaffee in der Hand und setzt sich.

„Ich bin satt", sagt Tina und schiebt den Teller zur Seite.

Ed nimmt sich den Teller und isst das kleine Stückchen Baguette auf. Er lässt ja nichts verkommen, isst sogar den Schinken, den Tina heraus gepult und auf den Tellerrand gelegt hat. Dann begleitet er sie zum Seminarhaus.

„Tschüss, bis heute Abend", sagt Tina, geht die Stufen hoch zum Eingang und winkt ihm zu.

„Ja tschüss."

Ed steht schon vor neunzehn Uhr in der Seminarhalle und verfolgt die Abschiedsvorstellung.

Völlig überrascht sagt Tina: „Oh, du bist schon hier?"

„Ja, die haben mich hereingebeten."

„Und was hast du mitbekommen?" fragt Tina.

„Nur den Schluss. Geh'n wir", sagt er.

„Okay." An der Garderobe holt Tina ihre Jacke.

Ed ganz aufgeregt: „Wenn du wüsstest, was mir passiert ist. Ich weiß gar nicht, ob ich das erzählen soll."

„Klar, erzähl's mir gleich draußen."

Neugierig fordert sie ihn draußen auf: „Erzähle."

„Gehen wir noch spazieren? Im botanischen Garten ist es toll", sagt er.

„Ja, gehen wir, erzähle", fordert sie ihn wieder auf.

„Oh, das ist so peinlich", sagt er.

„Erzähl ruhig."

„Aber nicht, dass du dann meckerst."

„Hör auf mit dem Quatsch und erzähle. Erst neugierig machen und dann drum rum reden. Erzähle, sonst mecker ich ganz bestimmt", antwortet Tina.

„Also ich war im botanischen Garten und anschließend zum Essen in einem schönen Restaurant. Und dann wollte ich schnell zum Hotel, weil ich plötzlich total übermüdet war, ich war ja beinahe umgekippt, so müde war ich. Dann saß ich im Auto und es machte nur klick. Ich hatte das Licht heute Morgen angelassen, die Batterie war leer."

„Oh." Tina wundert sich nicht. Das ist Ed schon oft passiert.

„Zuerst traute ich mich nicht, jemand um Hilfe zu bitten. Ich hab erst mal eine Weile gewartet, bis ich ein paar junge Ausländer sah, die ich ganz nett fand. Ich glaube, das waren Türken. Die hab ich gefragt, ob sie mir helfen könnten. Die waren zwar sehr freundlich, hatten aber überhaupt keine Ahnung. Ich sagte, Naja, ich mach das schon. Schließlich passierte mir das schon öfters. Da war Matsche neben dem Auto und die sagten noch: Vorsicht. Aber ich sagte, die Schuhe kann man putzen. Es hat einige Zeit gedauert, weil die Batterie von ihrem Auto abgedeckt war und ich erst nicht wusste, wie man da dran kommt. Bis ich das herausfand und endlich die Überbrückungskabel anschließen konnte.

Aber ich musste ja eine Zeit lang fahren, damit die Batterie sich wieder auflädt. Anstatt zum Hotel bin ich erst mal in Richtung Norderstedt rausgefahren. Dann hab ich mich verfahren und es dauerte einige Zeit, bis ich zum Hotel zurück gefunden habe. Total übermüdet stand ich aus Versehen im Hotel in der siebten Etage vor der falschen Zimmertür und versuchte vergeblich, die Tür zu öffnen. Ich war schon richtig wütend und wollte mich beschweren, als ich endlich merkte, dass ich in der falschen Etage war. Jemand fragte mich noch, ob ich Hilfe brauche. Aber ich sagte, nein danke, geht schon."

„Hahaha, der dachte wohl, du bist besoffen oder etwas verwirrt", sagt Tina..

„Ja, haha, aber dann war ja die Karte für meine richtige Zimmertür gesperrt. Und ich musste zur Rezeption, damit ich in mein Zimmer konnte."

„Haste denn geschlafen?"

„Nur kurz geruht. Ich wollte dich ja rechtzeitig wieder abholen und hatte Angst, dass mein Auto nicht anspringt."

„Naja, das hat ja geklappt."

Im botanischen Garten erklärt Ed die Blumen und Bäume, während Tina alles fotografiert. Ed erzählt begeistert, wie toll das hier ist. Dann fragt er: „Darf ich dich zu einem Eis einladen?"

„Gerne, wenn du dir das leisten kannst", antwortet Tina.

„Eine Kugel Eis ist immer drin, mehr isst du ja nicht."

„Ja, das stimmt."

Mit dem Eis in der Hand schlendern sie durch den Park, kaufen im Supermarkt eine Flasche Rotwein und gehen zum Auto.

Im Hotel gibt es einen Pizzaservice. Tina fragt Ed:„Wollen wir uns zwei normale oder eine große Pizza bestellen. Ich hab nicht viel Hunger."

„Aber ich. Nehmen wir eine große, und du bekommst ein Stückchen davon", sagt Ed.

„Okay."

Sie gehen zuerst in Eds Zimmer. Dort legt er sich gleich aufs Bett, ruht sich aus und wartet auf die Pizza.

„Ich geh nochmal zur Rezeption und frage nach einer Glühbirne für meine Leselampe. Hast du genug Geld für die Pizza?"

„Ich weiß nicht, hab nicht mehr viel, hab so viel ausgegeben", sagt Ed.

„Wie bitte?"

Ed schaut in seine Geldbörse und antwortet. „Ja, das reicht noch. Oder kann ich auch mit Karte bezahlen?"

„Weiß ich nicht. Bei Beträgen unter Zehn Euro ist das schon ungewöhnlich."

Im Treppenhaus kommt die Pizzabotin entgegen.„Ah, die Pizza, hier entlang." Tina zeigt der jungen Frau die Richtung.

„Danke."

Mit einer Glühbirne in der Hand kommt Tina zurück in Eds Zimmer. „Na, hast du dem Mädel auch etwas Trinkgeld gegeben?" fragt sie.

„Ja natürlich. Ich konnte sogar mit Karte bezahlen."

„Was, wegen sieben Euro?"

„Ja warum denn nicht?"

Im Fernseher läuft ein Actionfilm.

„Kommt nicht was ruhigeres im Fernsehen? Ich hatte heute schon Action genug. Wir können uns auch einfach nur unterhalten", schlägt Tina vor.

„Ich kann mich bei Actionfilmen am besten entspannen", antwortet Ed und zappt kurz durch die Programme. Christine Neubauer in einem Frauengespräch... Ed zappt schnell weiter. Er will nicht wissen, um was es geht.

„Der Film mit Christine Neubauer ist vielleicht interessant. Du magst doch die Schauspielerin", sagt Tina.

„Nee, ich hab keine Lust auf Mutter-Tochter-Gesülze. Ich hab gestern im Kino schon genug Drama gesehen."

Im Actionfilm geht es um Banditen, Raub und Mord. Das gefällt Tina überhaupt nicht.

„Naja, dann mach doch wenigstens ein bisschen leiser", sagt sie.

Ed legt die Fernbedienung zur Seite und packt die Pizza aus. Eigentlich ist Tina der Fernseher zu laut, aber sie sagt lieber nichts.

Ed sagt wütend: „Nicht mal Servietten dabei. Wie sollen wir die denn essen?"

„Mit den Händen, aber abbrechen geht schlecht. Hast du nicht ein Taschenmesser dabei?"

„Ah ja, Moment. Und wollen wir Klopapier als Servietten benutzen?"

Ed geht ins Bad und kramt in seiner Tasche. Tina antwortet: „Nein, brauchen wir nicht. Wir können ja nachher die Hände waschen. Hast du Gläser?"

„Nein, hier sind keine Gläser."

„Macht nix, trinken wir aus der Flasche, mach mal auf."

Ed öffnet die Rotweinflasche und nimmt den ersten Schluck. Tina schneidet die Pizza mit dem Taschenmesser in Stücke und sagt: „Geht doch."

Ed ist zufrieden. „Sehr lecker!"

Sie essen Pizza, ein Viertel für Tina, drei Viertel für Ed. Und sie trinken Wein dazu.

Tina denkt an morgen.

„Wollen wir morgen früh hier im Restaurant zusammen frühstücken?"

„Ich will erst mal ausschlafen. Das ist mir hier sowieso zu teuer", sagt Ed.

„Kostet nur sechs Euro pro Person. Und du brauchst mich nicht einladen."

„Und was gibt es dafür? Kriegt man hier auch Rührei?"

„Weiß ich nicht, aber du kannst vom Büfett so viel essen, wie du willst."

„Ich will morgen erst mal ausschlafen, dann sehen wir weiter."

„Frühstück gibt es hier aber nur bis um Zehn Uhr", sage ich.

„Is mir egal. Ich will jetzt den Film sehen."

„Wie lange geht der denn? Um was geht es denn überhaupt?"

„Is doch egal", sagt Ed genervt und konzentriert sich auf den Film.

„Was machen wir denn morgen an unserem letzten freien Tag?" wagt Tina zu fragen.

„Immer wenn du zu viel Alkohol getrunken hast, fängst du an zu diskutieren", schimpft Ed.

„Du verwechselst mich wohl mit einer deiner anderen Freundinnen."

„Die trinken kaum Alkohol."

„Bis auf die Whisky-Expertin, der du deinen Unfall mit dem gebrochenen Daumen verdankst."

„Die trinkt auch ganz selten. Wir reden jetzt von dir", sagt Ed wütend.

„Wann hab ich denn schon mal mehr als ein Glas Wein getrunken?" fragt Tina. Denn es ist absolut nicht ihre Art, mehr als ein Glas zu trinken.

„Schon öfters."

„Wie bitte? Das wüsste ich jetzt aber gerne. Wann und wo war das denn?"

„Bei mir zuhause beim Filmabend zum Beispiel. Da habe ich schon öfters nachgeschenkt."

„Da benutzt du ja immer die Sherrygläser für den Rotwein. Die entsprechen nur einem halben Rotweinglas."

„Is doch egal. Jedenfalls fängst du immer an zu sabbeln, wenn du zu viel getrunken hast."

„Du meinst also, ich trinke zu viel Alkohol?" fragt Tina.

„Ein Glas Rotwein pro Tag kann auch zur Sucht führen. Da musst du aufpassen."

Tina gibt Ed die halbvolle Rotweinflasche.

„Bitteschön. Die darfst du ganz alleine austrinken oder weg schütten. Morgen früh um zehn treffen wir uns an der Rezeption zum Auschecken. Du darfst mich noch heimfahren und dann bin ich fertig mit dir."

8.

Um sieben geht Tinas Smartphone-Wecker, wie immer werktags. Nach dem Duschen geht sie runter ins Hotel-Restaurant und genießt das Frühstück.

Viertel vor Zehn meldet sich Ed per Handy.

„Wo bist du?"

„Ich hab eben grad schön gefrühstückt und geh jetzt meinen Koffer holen. Wir treffen uns dann an der Rezeption."

„Ich hab noch nicht gefrühstückt."

„Das ist jetzt zu spät. Unten in der Lobby steht ein Kaffeeautomat."

„Der Kaffee ist mir hier zu teuer. Ich will gleich in der Bäckerei frühstücken."

„Okay, bis gleich."

Sie checken aus und gehen zum Parkplatz.

„Du, das hab ich nicht so gemeint gestern Abend", sagt Ed.

„Jaja, ist ja nicht das erste Mal, dass du mich beleidigst."

„Darf ich dich zum Kaffee einladen in der Bäckerei?"

„Ich hab genug Kaffee getrunken und gut gefrühstückt. Aber ich komme mit, damit du in Ruhe frühstücken kannst. Und eine Flasche Wasser sollten wir noch für die Heimfahrt kaufen."

„Okay."

Ed bestellt sich in der Bäckerei ein Frühstück mit Rührei.

Tina fragt die Bedienung: „Darf ich mich dazusetzen? Ich hab schon gefrühstückt."

„Ja natürlich."

Schweigend sitzen sie an einem kleinen Tisch in der Ecke.

„Sehr lecker!", schwärmt Ed und schlägt vor:

„Wollen wir noch spazieren gehen? Im tropischen Gewächshaus warst du noch nicht. Da kannst du tolle Fotos machen."

„Können wir gerne machen."

Bis mittags gehen sie schweigend durch den Botanischen Garten, essen ein Eis und fahren dann heimwärts. „Wir können ja Freunde bleiben, aber mehr geht nicht", sagt sie.

Tina ist ganz sicher, dass sich jeder Mensch ändern kann. Aber nur, wenn er wirklich will. Und Ed will bestimmt nicht. Solchen Menschen kann keiner helfen. Sie versprühen ihr Gift überall. Das ist gefährlich und könnte anstecken. Da hilft nur loslassen und die Flucht ergreifen. Auch wenn wir nur das Gute in den Menschen sehen wollen, ändern können wir nur uns selbst, nicht die anderen.

AFTERSHOWPARTY

Ed und Tina sind beim Straßenmusikfest „BaDaBoom" wieder als Helfer dabei. Sie betreuen die Musiker. Am späten Nachmittag ist die Veranstaltung zu Ende. Abends sind alle Helfer und die Musiker vom Veranstalter zur Aftershowparty eingeladen. Ob Tina abends auch kommt, fragt Dani.

„Weiß ich noch nicht", antwortet Tina.

Auf dem Heimweg fragt Ed, der den gleichen Weg wie Tina hat, ob sie keine Lust habe, heute Abend zu kommen.

„Ich geh einfach ungerne nachts allein durch die Stadt. Das ist mir zu gefährlich, da bleib ich lieber zu Hause. So wichtig ist mir das nicht."

„Ich kann dich ja nachher abholen", schlägt Ed vor, der nur eine Straße weiter wohnt.

„Okay, wenn du mich auch zurück begleitest, komm ich mit."

„Okay, ich muss noch vorher einkaufen, ich ruf dann an, wann ich komme. Bis gleich."

Abends um halb Neun ruft Ed an: „Wollen wir jetzt hin?"

„Ja, okay."

„Gut, dann komm ich gleich vorbei."

Ed schließt sein Fahrrad vor Tinas Wohnung ab. Sie gehen zu Fuß circa zehn Minuten quer durch den Park zum Vivano.

„Karla hat eben angerufen und gefragt, ob sie da auch hin kommen kann oder ob das ne geschlossene Gesellschaft ist."

„Weiß ich nicht."

„Ja, weiß ich auch nicht. Is ja ein öffentliches Lokal. Da kann sie ruhig kommen, hab ich ihr gesagt."

„Ja, warum nicht."

Vor dem Eingang zum Vivano treffen sie eine blonde Frau, die mit einem fröhlichen „Hallo" grüßt. Ed vertieft sich auf der Treppe in ein intensives Gespräch mit ihr.

Karla ist eine von Eds vielen Freundinnen, die Tina flüchtig kennt. Sie sitzt bereits an der Bar. Mit einer schwarzen Bluse zur schwarzen Hose hat sie sich extra schick gemacht. Tina begrüßt sie mit „Hallo Karla" und schau sich dann um. Die Organisatoren sind um einen Stehtisch im Gespräch. Einer kommt auf Tina zu und sagt: „Hallo Tina, hol dir da mal ein Bändchen. Dafür bekommst du Getränke frei."

„Okay."

Mit dem Bändchen am Handgelenk geht Tina zur Bar. Ed unterhält sich mit Karla. Tina zeigt ihm kurz das Bändchen und sage: „Ed, hol dir dort ein Bändchen. Dafür bekommst du kostenlose Getränke."

„Oh, supi, danke."

Vor der Bar steht eine Reihe von Leuten, die auf Getränke warten. Vor mir die fröhliche Blondine mit der gegelten Kurzhaarfrisur. Tina stellt sich hinter sie und fragt: „Wartest du auch auf ein Getränk?"

„Ja."

„Die haben ganz schön zu tun. Naja, wir haben ja Zeit."

„Ja, das stimmt", sagt sie.

Nach einer Weile steht sie mit einem Cocktail in der Hand und diskutiert mit der Kellnerin. Tina fragt dazwischen: „Bin ich jetzt dran?"

Die Blondine schaut Tina hiflos an und sagt: „Ich hab mir einen Cocktail bestellt und soll den jetzt bezahlen, obwohl ich ein Bändchen habe."

Verwundert schaut Tina die Kellnerin an. „Das ist nur für Bier, Wein und alkoholfreie Getränke", erklärt sie.

„Dann zahl doch die Differenz und gut is", schlägt Tina vor. Die Blondiene ist begeistert:

„Das is ne gute Idee! Da bin ich gar nicht drauf gekommen" und zur Kellnerin „Damit bin ich einverstanden, können wir das so machen?"

Problem gelöst. Endlich bekommt Tina ihr Glas Rotwein, setzt sich auf den letzten freien Platz an der Bar und lauscht der Musik. Nachdem sie den ganzen Tag viel gelaufen ist, mag sie nicht mehr stehen. Inzwischen steht auch Ed an der Bar und holt sich ein Glas Wein.

„Ich geh mal raus" sagt Ed zu Karla und dann schnell zu Tina. Kurz darauf sieht Tina ihn hinter der Glasscheibe auf der Veranda an der frischen Luft stehen. Offensichtlich sind draußen keine freien Sitzplätze mehr. Karla steht auf, lächelt Tina verlegen an und gesellt sich zu ihm. Draußen nutzt sie die Gelegenheit zu rauchen.

Ed holt sich ein zweites Glas Wein, während Tinas Glas noch halbvoll ist.

„Du bist ja ganz schön durstig", sagt sie.

„Normal. Du trinkst ja immer so langsam."

„Ich bin eben eine Genießerin."

„Es ist angenehme Luft draußen. Willst du nicht mit raus?"

„Wenn da freie Sitzplätze sind gerne, aber es sieht nicht danach aus."

„Moment, ich check das mal kurz."

Ed verschwindet wieder draußen und kommt wenige Minuten später wieder rein.

„Komm, ich hab uns zwei Plätze reserviert."

Tina folgt ihm. Sie setzen sich zwischen einige Musiker. Ed stellt Tina die nette Brünette vor:

„Liane, Tina."

„Ich hab grad gehört, du bist eine tolle Allroundmusikerin. An welchem Platz habt ihr gespielt?"

„Oh Danke!" Liane nickt ihrem jungen Musikerkollegen zu. „Am Großflecken bei Nordsee waren wir."

„Dann hab ich euch wohl auch fotografiert. Ich bin jede Stunde die Runde gelaufen und hab über 400 Fotos gemacht. Die werde ich morgen sichten und einige aussortieren."

Ed hat schon wieder ausgetrunken und geht wieder rein. Durch die Glasscheibe sieht man ihn ausschweifend tanzen. Liane fragt Tina: „Ist das dein Ex?"

„Ja, hat er das erzählt?"

„Ja."

„Naja, ich verstehe nicht, warum er das Jeder erzählt."

„Stimmt es denn?"

„Naja, wenn ich gefragt werde, sag ich nur wir sind Freunde, das reicht auch. Ich hab schon vor Monaten Schluss gemacht, weil er nur genervt hat. Aber wir sind noch gute Freunde. Er ist Mitglied in meiner Sportgruppe und ich arbeite gelegentlich in seinem Garten und ernte dafür alles mögliche. Damit komme ich gut klar."

Tina unterhält sich prima mit Liane. Sie wollen ihre Freundschaft bei Facebook fortsetzen. Zwischendurch setzt Ed sich wieder zu Tina. Er hat ein Glas Sekt in der Hand. „Probier mal. Das magst du bestimmt auch gerne."

„Sekt? Hab ich selber." Tina zeigt ihr Glas.

„Eben ist mir was peinliches passiert. Ich hab mich grad schön mit einer jungen Frau unterhalten und plötzlich hat meine Stimme versagt."

„Hahaha. Das ist wirklich peinlich."

„Jetzt will ich mal mit dir tanzen."

„Nein, ich will jetzt nicht tanzen."

„Die anderen gefallen mir nicht. Die meisten sind zu dick. Ich werde keine mehr so lieben wie dich."

„Wieso erzählst du jeder Frau, dass ich deine Ex bin?"

„Stimmt doch. Ich bin eben ehrlich."

„Aber wir sind doch noch Freunde, oder nicht?"

„Freunde" sagt Ed spöttisch. „Freunde sind mir nicht so wichtig. Man hat mich sogar gefragt, warum ich mit dir noch rum ziehe, obwohl wir nicht mehr zusammen sind."

„Wer hat das denn gefragt?"

„Haha, das möchtest du wohl gerne wissen."

„Ja, sag schon."

„Nee, sag ich nicht. Wenn du wieder meine Freundin wärst, würde ich's dir sagen."

„Vergiss es."

„Ich hab keine Probleme, Frauen anzusprechen. Ich hab überall Kontakte."

Tina lacht. „Das ist mir klar. Hast ja ordentlich gebaggert heute, aber ohne Erfolg."

Ed geht wieder tanzen, mit der fröhlichen Blondine und anderen Frauen. Die allein lebende Karla sitzt wieder draußen allein in ihrer Ecke und stärkt sich mit einem Hotdog und Kaffee. Offensichtlich ist sie für Ed nicht mehr so attraktiv, wie sie mal war. Nach Mitternacht hat Ed genug Alkohol und trinkt nun auch Mineralwasser wie Tina.

„Frauen. Die meisten gefallen mir nicht. Ich will lieber eine jüngere, am besten eine, mit der man Kinder haben kann. Diese Scheiß Singles mag ich überhaupt nicht... blablabla." Ed wird wieder beleidigend.

Tina fragt: „Meinst du mich?"

„Ja natürlich!"

„Tschüss. Ich gehe."

Tina verabschiedet sich kurz von Liane und geht. Sie hatte schon befürchtet, allein durch die Nacht gehen zu müssen. Dann kommt Ed ihr hinterher und sagt nur:

„Ich hab doch versprochen, dich nach Hause zu bringen."

„Das ist nett, danke."

Schweigend begleitet er sie.

„Tschüss, schlaf gut", sagt Ed vor ihrer Tür und fährt mit seinem Rad davon.

Am Sonntag ruft Ed Tina an.

„Na, bist du wieder fit?"

„Ja."

„Wer hat dich denn gestern gefragt, warum du noch mit mir rum ziehst, obwohl wir nicht mehr zusammen sind?"

„Du bist aber ganz schön neugierig."

„Bin ich doch immer, war das Karla?"

„Nein, die war das nicht."

„Wenn du es nicht sagen willst, dann lass es eben."

„Nein nein, das kannst du ruhig wissen. Das war die Tanja."

Welche Tanja? Keine Ahnung, wen du meinst."

„Tanja C. Die hat auch beim BaDaBoom geholfen. Da hab ich sie kennengelernt. Als ich mit Karla gesprochen hab, hast du dich an der Bar auch mit ihr unterhalten."

„Ja, ich weiß jetzt nicht, welche das ist, ne Ältere?"

„Ja, nee, also nicht mehr so ganz jung. Ne Blonde mit kurzen Haaren, etwa deine Größe."

„Ach so. Ist das die mit dem gegelten Haar, die den Cocktail bestellt hatte und nicht bezahlen wollte?"

„Ja genau."

„Jaja, jetzt weiß ich, wen du meinst."

„Wenn du dich erinnerst, also vom Sehen kenn ich die schon länger. Die hatte ich vor zwei Jahren schon kennengelernt. Da hatte ich mit ihr am Vivano schon zusammengearbeitet, da waren wir doch auch Helfer bei BaDaBoom."

„Ich weiß", antwortet Tina. „Ich war auch dabei vor zwei Jahren. Aber die Tanja hab ich da nicht gesehen."

„Ja, und da hatte ich so erzählt und irgendwie sind wir drauf gekommen, ich hatte ja noch nicht viel getrunken … äh ... ich weiß jetzt nicht mehr ... äh … also über dieses Buch, was ich gerade lese."

„Mhm."

„Ja, also da fing sie an, dass ich nach Knoblauch rieche, da hab ich gesagt, ich kann sie immer schlecht verstehen und jetzt weiß ich auch warum."

„Aha."

„Ja, das steht nämlich in dem Buch, da ist das bestätigt worden, dass Männer sich nicht konzentrieren können, wenn da Musik ist …. äh, ja und da ist irgendwie dein Name gefallen, da hab ich gesagt, ja, das ist die Tina, und da fragte sie gleich, ob du meine Freundin bist."

„Achso."

„Oder … ihr seid doch zusammen, oder irgendwie sowas. Ich bin ja nun mal ... du willst ja immer alles genau wissen, aber ich weiß die genauen Worte nicht mehr. So, also dann fragte sie das und … ähm … das ist genau wie in diesem Buch, die Frauen wollen immer gleich sowas wissen."

„Jaja."

„Ja, und für ein Mann ist das … hehehe … eher sowas wie … wie stehts mit deinem Sexleben oder so, ne."

„Keine Ahnung."

„Ja also, so'n Spaß hab ich auch schon mal gemacht, zu meinem Freund Dirk zum Beispiel."

„Mhm."

„Na ja, und dann wollte sie das wissen … und da sach ich neee, Tina und ich, wir waren befreundet und … ähm … und irgendwie hab ich ihr dann noch erzählt … ich bring sie gleich noch nach Hause, weil sie … ähm, weil du im Dunkeln eben nicht gerne allein gehst."

„Ja."

„Ja und da haben wir uns darüber so unterhalten... ich sach, das is ja auch ein Unterschied ... äh, ja und dann sacht sie neee, also sie is mit dem Fahrrad acht Kilometer gefahren... da sach ich toll, also ich bin ja auch ein Öko, ich fahr ja auch immer mit dem Rad..."

„Jaja."

„Ja, aber ich sach, ich hab da schon für Verständnis, weil aus meiner Sicht zwischen Männer und Frauen oder … also meine Schwester zum Beispiel würde das auch tun... blablabla."

„Mann Mann, jetzt schweifst du ja wieder so was von ab. Sag mal, ist die Tanja mitten in der Nacht allein mit dem Rad nach Hause gefahren?"

„Das nehme ich an. Als ich da weg bin, stand da kein Fahrrad mehr."

„Nee, also das hätte ich nicht gemacht. Das tue ich mir nicht an."

„Ja, also das ist verschieden. Also Karla, die fährt immer ..."

„Jaja, das weiß ich, die fährt immer mit dem Auto, weil sie sich ungerne bewegt. Tag und Nacht, obwohl sie auch ein Fahrrad hat."

„Ja und die andere Karla aus Rendsburg, die ist auch ganz schön mutig. Die ist immer zu Fuß gegangen früher, auch im Dunkeln … also heute weiß ich nicht, hab ja nicht mehr soviel Kontakt. Aber die Karla aus Neumünster, die fährt auch aus Sicherheit mit dem Auto. Bei meiner Schwester ist das Eins zu Eins genauso, die fährt überall mit dem Auto hin. Ob zur Party oder zum Essen oder … blablabla."

„Jaja, ich weiß. Mit dem Auto ist man auch sicherer."

„Und bei Willi ist das auch so, der fährt auch überall mit dem Auto ... blablabla."

„Das interessiert mich überhaupt nicht, was du da alles erzählst", unterbricht Tina seinen Redeschwall.

„He?" fragt er irritiert.

„Ich sagte, das interessiert mich überhaupt nicht!"

„Du wolltest das wissen und ich hab dir das gesagt."

„Jaja, keine Panik."

„Also ich wollte eigentlich noch mal raus, aber das regnet grade."

„Du ich hab grade was Interessantes gelesen. Und zwar, dass man Rhabarber im Herbst teilen und an einen anderen Standort pflanzen soll."

„Hm."

„Und das gleiche mit Küchenkräuter, Schnittlauch zum Beispiel. Wollen wir das mal machen?"

„Hm. Hab ich kein Bock drauf. Wenn du das willst, musste das alleine machen. Das hat sich jahrelang da bewährt, also da mache ich nix."

„Okey, dann mach ich das allein."

Eine Woche später erzählt Ed, dass er sein gutes Fahrradschloss nicht mehr hat.

Tina fragt: „Wo hast du es denn verloren?"

„Gar nicht verloren, nur fallen lassen", druckst Ed verlegen herum.

„Versteh ich nicht. Wo denn?"

„Im Teich."

„Welchen Teich?"

„Am Vivano."

„Versteh ich das richtig? Du hast das Schloss vor dem Vivano in den Teich fallen lassen?"

„Ja."

„Ach sooo. Dann bist du um zwei Uhr nachts anstatt nach Hause nochmal zurück zur Aftershowparty gefahren."

„Ja."

„Und hast im besoffenen Kopf das Schloss aus der Hand fallen lassen."

„Ja."

„Hahaha, das kommt davon."

DIE SPEZIELLE FREUNDIN

Tina hat zwei Freikarten für Weihnachtsjazz. Als sie es beim Sport nebenbei erwähnt, meldet sich Ed sofort.

„Oh ja, da komme ich gerne mit."

„Okay", sagt Tina nur. Sie weiß, dass sie ihm damit eine riesige Freude macht. Sofort teilt Ed das Posting bei Facebook und macht seine Teilnahme bei der Jazzveranstaltung im Freundeskreis bekannt. Meinetwegen, denkt Tina. Ed ist ein großer Jazzfan und wäre geradezu beleidigt, wenn Tina jemand anders eingeladen hätte.

Voller Begeisterung sagt Ed: „Da rufe ich gleich Karla an, ob sie auch kommt. Sie ist ja nicht auf dem Laufenden und freut sich über solche Infos."

Karla ist eine Freundin von Ed, die Tina gelegentlich mit ihm getroffen hat. Es ist ja nicht weit zum Veranstaltungsort. Ed und Tina treffen sich auf halbem Weg. Sie gehen zu Fuß. Ed sagt:

„Karla wollte auch kommen, die kommt ja sowieso mit dem Auto und ist immer hilfsbereit. Sie kann uns ja zurück bringen."

„Ja, das wäre super, das Wetter könnte bis dahin ungemütlich werden", antwortet Tina.

Karla kommt tatsächlich, aber erst kurz vor der Pause, als das Konzert schon läuft. Sie steht am Eingang. Ed macht ihr ein Zeichen, dass sie zum Tisch kommen soll. Da ist noch ein Platz frei. Aber Karla bleibt stehen. Dann geht Ed zu ihr und holt sie.

„Frohe Weihnachten" sagt sie und reicht Tina die Hand. Karla setzt sich in die hintere Ecke auf den freien Platz neben Ed. In der Pause fragt Tina Karla: „Lange nicht gesehen, wie geht es dir?"

„Gut", sagte sie und fragt nach einer Weile:

„Was machst du Silvester?"

Tina antwortet: „Ich weiß noch nicht, werde wohl zu Hause bleiben."

Karla fragt Ed: „Und du?"

„Musiktempel, willst du mit?" sagt Ed.

„Nein danke, da bleib ich lieber zu Hause", antwortet sie.

Tina erzählt, dass sie sich in der Menge, wo es einfach nur laut ist, überhaupt nicht wohl fühlt. Zu Hause zündet sie eine Kerze an und genießt die Ruhe und Gemütlichkeit.

„Ich auch", sagt Karla.

Nach dem Konzert regnet es. Tina sagt zu Karla, die sich sofort eine Zigarette ansteckt: „Du hast es aber lange ohne rauchen ausgehalten."

Sie antwortet: „Das macht mir nichts aus, ich kann stundenlang aufs Rauchen verzichten."

Ed fragt Karla: „Kannst du uns mitnehmen?"

Karla antwortete trocken, wie es ihre Art ist: „Da muss ich ja einen Umweg fahren, aber ich kann euch einen Schirm mitgeben."

Tina und Ed halten das für einen Witz und gehen mit ihr zum Auto. Karla macht den Kofferraum auf und holt zwei Schirme raus. „Bitteschön."

Überrascht nehmen Tina und Ed die Schirme in Empfang und sagen: „Danke."

„Tschüss", sagt Karla, steigt ein und fährt davon.

„Ich dachte, sie macht Spaß", sagt Tina zu Ed. Mit dem Schirm in der Hand spazieren sie durch den Regen.

„Das dachte ich auch", sagt Ed. „Sie wohnt ja ganz in der Nähe. Da wird der Motor nicht mal warm. Fürs Auto ist es nicht so gut, nur für einen Katzensprung um die Ecke den Motor anzuschmeißen. Oder hast du sie provoziert?"

„Nicht, dass ich wüsste."

„Eigentlich ist sie immer sehr hilfsbereit und bietet sich manchmal sogar an. Sie ist auch ganz schön clever. Deshalb kommt sie oft erst zur Pause, um den Eintritt zu sparen. Karla ist schon sehr speziell.

SEHNSUCHT NACH LUXOR

Das Flugzeug startet, der Urlaub beginnt. Durch das Flugzeugfenster sehe ich die weite Wüstenlandschaft, ähnlich wie die Sanddünen auf Sylt. Wie ein blauer Faden schlängelt sich der Nil durch die Sahara.

Nach fünf Flugstunden landen wir nachmittags bei strahlendem Sonnenschein in Luxor. Schwer bepackt mit dem Wintermantel im Arm, Laptop und Kameratasche über der Schulter steige ich aus dem Flugzeug. Am Ausgang halte ich Ausschau nach meinem Reiseveranstalter. Der kleine Mann unter dem Schild, das er für die Neuankömmlinge hoch hält, zeigt mir den Bus mit der Nummer Fünfzehn.

Während der Fahrt zum Kreuzfahrtschiff erhalten wir erste Informationen. Auf dem Schiff findet abends um sieben Uhr eine Willkommensveranstaltung statt.

Nach einer knappen Stunde kommen wir am späten Nachmittag gegen fünf Uhr bei den Schiffen an. Die Gruppe verteilt sich auf die Schiffe „Pionier 1" und „Pionier 2". Zwei Männer helfen uns über den etwas wackeligen Steg an Bord. Viele flinke Mitarbeiter tragen die Koffer. Die zweite Hälfte der Reisegruppe geht durch das erste Schiff durch zum zweiten.

An der Rezeption bekomme ich den Schlüssel für die Kabine Nr. 202 und den Hinweis, dass mein Koffer dort hin gebracht wird. Die Kabine am Ende des Ganges ist klein und fein. Mit zwei Betten, einer Kommode mit Minibar, Fernseher und Telefon, ein kleiner Tisch und zwei Sessel ausgestattet.

Auf dem Tisch liegt ein ägyptischer Glücksbringer „Skarabäus" als Geschenk.

Ich packe meinen Koffer aus, mach mich frisch und ziehe ein Sommerkleid an. Nach einem Rundgang durch das Schiff finde ich die Treppe zum Sonnendeck. Es ist schon dunkel. Den ersten Sonnenuntergang habe ich verpasst. Gegen sieben Uhr suche ich die Bar, wo die Reisegruppe bereits versammelt ist. Zwei junge Männer verteilen Cocktails. Dann stellt der Reiseleiter Axel sein Ausflugs-Programm vor.

Am Eingang des Restaurants werde ich freundlich begrüßt. Ich esse einen großen Teller Salat vom reichhaltigen Buffet. Nach einer kleinen Runde auf dem Oberdeck falle ich müde in mein Bett.

Gut ausgeschlafen gehe ich zum Frühstück. Es ist schon nach zehn und das Restaurant ist geschlossen. An der Bar bekomme ich Kaffee und einen großen Frühstücksteller – das reicht. Neben mir sitzt ein Ehepaar aus Tirol. „Frühstück gibt's im Restaurant immer nur bis um zehn Uhr, weil die meisten Leute schon früh zu den Ausflügen aufbrechen. Wir kennen das schon, ist manchmal ganz schön stressig, ein Ausflug nach dem anderen", erzählt der Mann.

Meine schussbereite Kamera hab ich immer bei mir. Auf dem Sonnendeck springt mir ein schöner schwarzer Mann direkt vor die Linse und schenkt mir ein Lächeln. Er bleibt stehen, strahlt mich mit seinen dunklen Augen fröhlich an und zeigt seine ebenso strahlenden weißen Zähne. „Hello."

Klick. Ich schätze ihn auf Anfang 30. Er trägt ein buntes Hemd zur schwarzen Hose, ist groß, schlank und sportlich, hat breite Schultern und starke, sehnige Unterarme. Sein schwarzer kurz geschnittener Lockenkopf glänzt in der Sonne. Klick. Wie nett! Sehr sympathisch, mein erstes Fotomodell. Er sieht super gut aus und ist sehr freundlich und aufmerksam.

Lächelnd gehe ich weiter und fotografiere seinen ebenso freundlichen Kollegen hinter der Bar. Rund um die Bar im vorderen Teil des Schiffes stehen Tische und Stühle. Ganz vorne steht eine kleine Fitness-Station mit Hanteln und daneben ein Tischfußball und eine Tischtennisplatte.

In der Mitte ist der Pool, daneben Regale mit frischen, gelb-weiß gestreiften Badelaken. Gegenüber der Treppe steht ein kleines Massagehäuschen. Im hinteren Teil und um den Pool laden Liegestühle zum Sonnenbaden ein.

Der Sportcoach und Masseur Alibaba trägt ein enges T-Shirt zur schwarzen Sporthose und ein Halsband mit seiner Visitenkarte. Er macht seine Runde und stellt sich den einzelnen Reisenden vor. Er zeigt seine Angebotsliste und schreibt Termine ein. Wellness-, Ganzkörper- oder Rückenmassage. Ich habe momentan keinen Bedarf, sage: „Vielleicht später."

Alibaba und Hany stellen sich für ein Foto zusammen. Klick.

Gegen Mittag fährt das Schiff von Luxor über Esna unter der Brücke durch nach Edfu, wo ein Ausflug zum Horus-Tempel angeboten wird. Mit einer großen Flasche Wasser, einem Taschenbuch und meiner Kamera ausgestattet genieße ich die Sonne in einem Liegestuhl. Nach und nach kommen mehr Leute auf das Sonnendeck und machen es sich auf den Liegen gemütlich. Hany kommt mit leckeren Frucht-Cocktails auf einem Tablett vorbei. Ich genieße einen Mangosaft. Ein leichter Wind bewegt meine Haare. Die langsam vorüber gleitende Landschaft ist unbeschreiblich schön.

Die blonde Lisa aus Bayern testet das Wasser im Pool und ist total begeistert. Also folge ich ihr und schwimme ein paar Runden. Die jüngste Urlauberin wird von den Ägyptern sehr umschwärmt. Doch meistens ist ihre Oma dabei. Die meisten Urlauber sind ältere Paare.

Ich fotografiere den Nil, die Schiffe, die Landschaft und Häuser am Nil entlang. Am Nilufer verweilen Menschen, einige Kinder spielen Fußball. Der Freitag ist hier ein Feiertag. Das Highlight des ersten Tages ist der unübertrefflich wundervolle Sonnenuntergang. Allein davon knipse ich über zwanzig Fotos.

Wir fahren weiter nach Com Ombo, wo die beeindruckenden Doppel-Tempel der Sobek und des Haroeris vom Schiff aus zu sehen sind. Hany springt mir wieder vor die Linse und flüstert mir zu: „You so sweet."

Klick. Ich bin leicht irritiert, mache den Spaß aber gerne mit und schenke ihm ein Lächeln. Alibaba kommt dazu und fotografiert mich mit Hany zusammen. Er macht wieder seine Runde und bucht Massagetermine. Ich drücke ihm die Sonnencreme in die Hand und lasse meinen Rücken massieren. Ja, das tut gut. Ich schlage ihm ein Tischtennisspiel vor und sage: „Wenn du gewinnst, buche ich einen Massagetermin."

Leider gibt es keine Tischtennisbälle auf dem Schiff. Wir weichen aus auf Tischfußball. Hany beobachtet uns kritisch. Ich verliere knapp. Wir terminieren eine Ganzkörpermassage heute Abend nach dem Sonnenuntergang, den ich mir auf keinen Fall entgehen lasse. Wir erleben den zweiten wunderschönen Sonnenuntergang. Hany kommt zu mir und sagt: „Ich mag dich so sehr. Magst du mich auch?"

„Du gefällst mir auch", antworte ich.

„Wirklich?"

„Ja."

Zufrieden geht er weiter und räumt die Gläser und Tassen von den Tischen ab.

Vor dem Abendessen gehe ich zur Massage. Alibaba zeigt mir die verschiedenen Duftöle, bevor er mir eine professionelle Massage von Kopf bis Fuß verabreicht. Ja, das tut richtig gut, auch wenn man keinerlei Beschwerden hat.

Nachts kommen wir in Assuan an. Ich fotografiere die Lichter der Stadt, die sich im Nil spiegeln. Bei einem Glas Rotwein in der Bar bei Mustafa und Ali beschließe ich den Tag.

Die ägyptischen Männer an Bord sind Meister des Flirts und verzaubern jede Frau mit ihrer liebenswerten und gleichzeitig unaufdringlichen Art. Ob das zu ihrer Ausbildung gehört?

Den Schmuckverkäufer nenne ich Casanova. Das passt genau zu ihm. Doch er ist er kein Ägypter, sondern Grieche und spricht fließend deutsch. Er schenkt mir eine kleines Kärtchen mit den ägyptischen Zeichen des Alphabets. Auf die Rückseite schreibt er meinen Namen und erklärt mir die Bedeutung der einzelnen Buchstaben.

Nebenbei macht er immer wieder Komplimente. Dann fragt er nach dem Namen meines Mannes. Ich gebe den Namen meines Sohnes an und bekomme ein weiteres Kärtchen mit den entsprechenden ägyptischen Buchstaben-Zeichen. Er zeigt mir Armbänder, Ringe und Halsketten. Ich bedanke mich und sage ihm, dass ich keinen Schmuck trage.

Mit einem Segelboot fahren wir auf dem Nil zur Kitchener Insel. Dort gibt es einen wundervollen Garten mit Bäumen, Blumen und sonstige Pflanzen von der ganzen Welt zu sehen. Am Nachmittag ist eine Stadtrundfahrt in Assuan mit Besichtigung einer islamischen Moschee und der koptischen Kirche angesagt. Auf der Rückfahrt halten wir auf dem höchsten Platz von Assuan. Dort genießen wir bei Tee und Gebäck den wundervollen Ausblick. Anschließend erleben wir das rege Treiben im Bazar.

Mit einem Motorboot fahren wir auf dem Nil entlang am Mausoleum von Aga Khan vorbei. Tuch- und

Teppichhändler kommen auf Booten vorbei und bieten ihre Ware an. In einem nubischen Dorf besuchen wir eine Familie in einem Lehmhaus.

Mittags fährt das Schiff zurück nach Luxor. Ich schwimme mit Lisa ein paar Runden im Pool. Der Stand mit Kaffee, Tee und Gebäck wird aufgebaut. Ich stelle mich mit an und bestelle eine Tasse Tee. Beim Einschenken schaut Hany mir lange tief in die Augen, verschüttet aber nichts.

Ein ägyptischer Abend mit Bauchtanz steht auf dem Programm. Ich setze mich zu unserer Gruppe und wundere mich, dass Lisa nicht dabei ist. Hany bedient uns. Ich trinke einen Rotwein und beobachte ihn bei der Arbeit. Er trägt ein weißes Hemd mit Fliege und Weste zur schwarzen Hose und sieht wieder super aus. Man sieht, dass ihm die Arbeit wirklich Spaß macht.

Das Schiff gleitet durch die wunderschöne Nillandschaft. Alibaba bietet Massagen an. Fitness- und Hanteltraining ist mir lieber. Er stellt die Geräte ein und trainiert mit mir. Hany und Lisa beobachten uns. Lisa geht lieber schwimmen, ich anschließend auch. Dann genieße ich die Ruhe, das Plätschern des Wassers, die Sonne und den leichten Wind. Zum Tee stelle ich mich wieder an und lasse mir von Hany tief in die Augen schauen.

Heute findet der traditionelle Galabea-Abend statt. Der geschäftstüchtige Shopverkäufer Mina informiert alle Gäste, dass es Tradition auf dem Schiff ist, dass sich alle Gäste mit ägyptischer Tracht verkleiden. Mina bietet bunte Galabeas für Männer und Frauen in vielen Farben und Größen an. Ich fotografiere ihn zusammen mit Lisa. Die beiden sehen aus wie ein ägyptisches Brautpaar. Man sieht, dass Mina sich in Lisa verliebt hat. Doch wen hat Lisa sich ausgesucht?

Tatsächlich erscheinen die meisten Gäste verkleidet zum Galabea-Abend. Ich habe nur Kopfschmuck und ein Oberteil zum schwarzen Rock gekauft. Hany und Ali servieren leckere Cocktails. Es wird ein unterhaltsamer Abend. Auf dem Weg zur Kabine steht Hany plötzlich vor mir. Er nimmt meine Hand, lächelt und sagt: „Gute Nacht."

Er strömt einen frischen Minzgeschmack aus. Angenehm überrascht sage ich auch „Gute Nacht".

„Ich mag dich so sehr", sagt er.

„Ich mag dich auch."

Spontan drückt er mir einen Kuss auf den Mund und verschwindet um die Ecke. Ich spüre seinen frischen Atem und die angenehm weichen Lippen noch eine Weile nach.

Unser letzter Tag auf dem Schiff in Luxor beginnt mit einer Kutschfahrt durch die engen Gassen der Stadt. Anschließend reiten wir auf einem Kamel am Nil entlang, an Bananen- und Zuckerrohrfeldern vorbei. Nachmittags kommt Hany auf dem Sonnendeck zu mir: „Ich mag dich so sehr."

„Ich mag dich auch", antworte ich.

Er gibt mir einen Zettel mit seiner Handynummer. Ich gebe ihm meine Visitenkarte.

„Danke", sagt er und geht weiter.

Ich wundere mich, dass er sich nicht mehr Zeit für ein Gespräch mit mir nimmt, obwohl er mit anderen Frauen nicht so flirtet wie mit mir. Morgen früh muss ich mich schon vom Schiff verabschieden. Dann fahre ich mit dem Bus nach Savaga ans Rote Meer, wo ich eine weitere Woche verbringe.

Vor dem Abendessen klingelt mein Handy in der Kabine. Hany schlägt mir ein Treffen nach Feierabend vor. Ich freue mich und sage spontan zu. Obwohl es ein wenig unheimlich ist abends um elf Uhr außerhalb des Schiffes in Luxor. Ich bin viel zu neugierig, um nein zu sagen. Hany beschreibt mir den Treffpunkt.

Kurz vor dem Date beobachte ich unauffällig das Kommen und Gehen. Ich sehe Hany in Jeans und Kapuzenjacke an der

Rezeption stehen. Er unterhält sich mit dem Kollegen, dann geht er vom Schiff. Kurz danach verlasse ich ebenfalls das Schiff. Es ist kalt, aber ich bin zu aufgeregt, um zu frieren. Ich gehe an den Polizisten vorbei, die freundlich grüßen, überquere die Hauptstraße und gehe in Richtung Innenstadt bis zur nächsten großen Kreuzung, wo wir uns treffen wollen. Zum Glück ist die dunkle Nacht durch Straßenlaternen erhellt. Ein junger Ägypter kommt mir entgegen. Es ist nicht Hany. Er grüßt freundlich, steckt mir die offene Hand entgegen und bietet mir Erdnüsse an. Ich lehne höflich ab und sage ihm, dass ich eine Verabredung habe. Dann gehe ich auf die andere Straßenseite und warte unter der Straßenlaterne. Die Stadt ist fast menschenleer, nur ein paar einzelne Männer sind nachts unterwegs. Ich gehe ihnen aus dem Weg.

Endlich kommt Hany auf mich zu, nimmt meine Hand und führt mich zur anderen Seite der Kreuzung. Dabei telefoniert er. Ein Taxi hält direkt neben uns. Wir setzen uns beide auf die Rückbank. Überrascht sehe ich Lisa drin und vorne neben dem Fahrer sitzt Alibaba. Ich wundere mich über diese Heimlichkeiten. Lisa erklärt mir, dass es für Schiffspersonal streng verboten ist, mit Touristen auszugehen.

Lisa und Alibaba steigen an einem Café aus. Wir fahren weiter. Hany führt mich zu einem fünfstöckigen Mehrfamilienhaus. Wir steigen viele Treppen hoch. Ganz oben öffnet er eine unverschlossene Wohnungstür und stellt mir seine Schwägerin und zwei kleine Kinder vor.

„You are welcome", sagt sie freundlich und bietet mir an, mich zum Essen in die Runde zu setzen. Mit ihren beiden Kindern sitzt sie auf gemütlichen Sitzkissen. In der Mitte stehen verschiedene Speisen.

Ich lehne dankend ab. Hany unterhält sich kurz mit ihr und den Kindern. Dann führt er mich in das Nebenzimmer und schließt die Tür ab. Wir setzen uns auf ein Bett und Hany küsst mich zum ersten Mal leidenschaftlich. Seine Küsse schmecken nach mehr. Doch mir geht alles viel zu schnell, ich sage „Langsam, ich will dich erst Mal kennenlernen."

„Okay, was willst du wissen?"

„Wo ist dein Bruder?"

„Der arbeitet noch, er ist auch Kellner."

„Wohnst du auch hier?"

„In der Saison wohne ich auf dem Schiff."

„Bist du verheiratet oder verlobt?"

Hany lacht und zeigt den Ring an seinem Finger. „Dieser Ring hat nichts zu bedeuten, der ist von meinem Vater."

„Und hast du eine Freundin?"

„Nein."

„Warum?"

„Ich habe keine Zeit für eine Freundin, ich arbeite viel. Mir gefällt mein Job auf dem Schiff - und du gefällst mir. Ich liebe dich."

„Du gefällst mir auch, aber du bist zwanzig Jahre jünger als ich."

„Na und? Ich will kein junges Mädchen. Ich liebe dich so wie du bist. Warum hast du keinen Mann?"

„Weil ich die Freiheit liebe."

Hany lacht. Wir küssen uns immer wieder. Ich weiß nicht, was ich noch fragen soll. Wir werden unterbrochen von den Kindern, die an die Tür klopfen und Hany rufen. Er öffnet und spricht freundlich mit den Kindern, dann schließt er die Tür wieder ab.

„Sie sind neugierig, wollen wissen wer du bist", sagt er und küsst mich wieder. Hany öffnet den Gürtel meiner Jeans. Ich stehe auf, ziehe den Gürtel raus und gebe ihn Hany mit den Worten: „Den schenke ich dir, damit du mich nicht vergisst. Ich möchte jetzt zurück auf das Schiff."

AFTER WORK TALK

Tina hat in ihrem Xing-Portal eine Einladung vom Verleger eines regionalen Wirtschaftsmagazins zum After Work Talk im Hotel Atlantik in Kiel bekommen.

"Ich will da unbedingt hin wegen der Zusammenarbeit mit dem Verleger. Ich hatte mit ihm da schon vor Wochen drüber gesprochen. Dann ist es wohl im Sande verlaufen. Ich dachte, er würde sich melden, hat aber bis jetzt gedauert", erzählt Tina Ed aus ihrer Sportgruppe.

Ed will nun auch mit und sagt, dass er sich bei Xing zu diesem Event angemeldet hat und dass er mit seinem Auto fährt. Das passt ja gut. Tina fragt ihn, ob er ihren Sohn Tom auch nach Kiel mit nehmen könne, dann brauche er nicht extra mit dem Bus fahren.

Ed sagt: "Ja natürlich nehme ich Tom mit. Der kann gerne mitfahren. Wann muss er denn da sein?"

"Wenn wir um halb sechs losfahren, sind wir alle pünktlich um Viertel nach sechs da. Und Tom hat es vom Bahnhof nicht mehr weit."

„Ich fahr ihn natürlich direkt zur Arbeit! Ist doch klar!"

„Ja, das ist doch super. Dann müsstest du allerdings pünktlich um halb sechs hier sein."

„Ja ja, das schaff ich schon. Mach dir mal keine Sorgen."

Kaum aufgelegt, bekommt Tina plötzlich einen Anruf von einer unbekannten Frau, die Tinas Teilnahme bei Xing gesehen hatte und ihr eine Kontaktanfrage geschickt hatte. Am Telefon fragt sie:

"Hallo Tina, hier ist Tanja. Wir kennen uns vom Vivano. Ich hab bei Xing gesehen, dass du auch heute Abend in Kiel dabei bist. Ich hab dir eine Kontaktanfrage geschickt. Würdest du die bitte bestätigen?"

"Ja klar, mach ich gleich."

"Danke, und dann wollte ich noch fragen, ob du mich vielleicht nach Kiel mitnehmen könntest."

"Das kann ich gar nicht. Ich fahre auch nur mit Jemandem mit und wir sind schon drei Personen."

"Ob der Fahrer mich wohl auch mitnehmen könnte?" fragt Tanja. "Das weiß ich nicht, es ist Ed, den kennst du auch."

"Ja kannst du mir seine Nummer geben? Dann rufe ich ihn an."

Ed freut sich bestimmt, wenn er Jemandem helfen kann. Dafür ist er allgemein bekannt. Auch wenn er sich oft saublöd anstellt, dass die Leute darüber lachen. Hilfsbereit ist er immer, er bietet sich sogar oft ungefragt an, sagen Leute, die ihn gut kennen. Also gibt Tina seine Telefonnummer bedenkenlos an die hilfebedürftige Frau weiter.

"Okay, Ed ist ja immer hilfsbereit. Da wird er wohl nichts dagegen haben."

Und kurze Zeit später ruft Ed ganz aufgeregt bei Tina an und sagt: "Pass mal auf, wir machen das jetzt anders. Die Tanja hat mich nämlich angerufen und gefragt, ob ich sie mitnehme."

"Und du hast natürlich mit Begeisterung zugestimmt, wie ich höre."

"Ja warum denn nicht? Also ich hole dann die Tanja in Husberg ab. Haltet ihr euch bitte schon mal ab vier Uhr bereit. Ich komme dann vorher bei euch vorbei."

"Vier Uhr ist viel zu früh. Was soll die Hetzerei?"

"Weil ich das sage. Ich soll euch doch mitnehmen, oder nicht?"

"Ja, kannst du mir bitte einen Grund nennen? Schließlich schläft Tom noch, weil er heute Nacht arbeiten muss."

"Dann muss er sich eben mal beeilen."

"Nein, so geht das nicht. Außerdem ist es völliger Blödsinn, zuerst uns abzuholen und dann nach Husberg und wieder zurück zu fahren."

"Ich hab das mit Tanja so abgemacht. Lass mal gut sein."

"Was hast du denn mit ihr vereinbart?"

"Lass mal gut sein. Es bleibt dabei."

Warum kann der Idiot nicht sagen, was er vereinbart hat? Immer diese Geheimniskrämerei. Tina versucht noch einmal, ihn umzustimmen.

"Du kannst sie doch nochmal anrufen. Um Vier sind wir jedenfalls noch nicht bereit."

"Dann eben um Fünf. Dann müsst ihr aber fertig sein."

"Na gut, wir stehen um Fünf bereit."

Tina ist wütend auf sich selbst. Hätte sie bloß Tanja nicht Eds Nummer gegeben. Dann hätten wir uns den unnötigen Stress erspart. Sie weckt Tom und erklärt ihm die Umstände.

Tina und Tom stehen pünktlich um fünf Uhr bereit und schauen immer wieder aus dem Fenster. Sie warten und warten und warten eine halbe Stunde. Erst um halb sechs kommt Ed. Wir laufen schnell die Treppe runter und steigen ein.

"Was ist passiert?" fragt Tina.

"Nix."

"Und warum kommst du jetzt erst? Will Tanja doch nicht mit?"

Ed total aggressiv: "Da mach dir mal keine Sorgen. Kümmere dich mal nicht um meine Angelegenheiten. Das ist schon alles in Ordnung so."

Ed fährt Richtung Husberg und hupt vor Tanjas Haus. Nach zehn Minuten steigt er aus und klingelt bei ihr. Hoffentlich beeilt sie sich, dass wir noch rechtzeitig hinkommen. Ed kommt wieder zum Auto und sagt: "Also, die Tanja ist noch nicht fertig, das dauert noch eine Weile. Wollt ihr mit reinkommen?"

Tom schüttelt den Kopf und Tina sagt: "Wir warten im Auto. Sie soll sich beeilen."

Ed verschwindet wieder im Haus. Nach zwanzig Minuten setzt er sich wieder ins Auto. "Sie kommt gleich."

"Jetzt kommen wir zu spät in Kiel an."

"Das macht nix. Tanja sagt, man kann da ruhig später kommen. Sie kennt das schon."

"Ich hatte dir doch gestern schon erklärt, warum mir dieser Abend so wichtig ist, und Tom muss pünktlich zur Arbeit", sagt Tina.

Tom sagt ganz cool: "Das können wir noch schaffen."

Tanja kommt und setzt sich neben Tina auf die Rückbank. Tina fragt: "Was ist passiert? Brauchte Ed solange zum Kaffee trinken?"

"Das auch. Ach, das regnet ja, ich hab meinen Schirm vergessen. Ich muss nochmal rein."

"Ich hab einen Schirm im Auto", sagt Ed.

"Nein nein, ich brauch meinen eigenen Schirm."

Tina sagt: Beeile dich, Tom muss zur Arbeit."

"Oh, das wusste ich nicht." Tanja rennt schnell wieder ins Haus und kommt kurze Zeit später zurück. "Ich hab den Schirm nicht so schnell gefunden. Bei mir ist alles drunter und drüber. Dann fahren wir eben. Aber ich muss noch schnell zur Volksbank."

Tom sagt: "Das Atlantikhotel ist direkt gegenüber vom Bahnhof, da ist auch eine Volksbank."

"Nein Nein, ich muss zu meiner Bank in der Innenstadt."

"Na ja, dann kommen wir eben etwas später, das geht auch", sagt Ed und fährt durch das Verkehrsgewühl in die Innenstadt, wo er vor der Bank hält. Tanja steigt schnell aus und rennt zur Bank. Tom erstaunlich ruhig: "Na ja, das kann ich gerade noch schaffen."

Mit Geldscheinen in der Hand steigt Tanja wieder ein.

„Da muss man nicht pünktlich sein. Da kann man kommen und gehen, wie man will, Ich kenne das vom letzten Mal", erklärt Tanja. „Ich hab da ein Date. Du brauchst mich auf der Rückfahrt nicht mitnehmen."

„Okay", sagt Ed brav.

Tanja tippt Tom auf die Schulter. „Tom, darf ich dich mal was fragen?"

„Ja?"

„Was verdienst du da so?"

"Is nur´n Minijob."

In Kiel fährt Ed direkt zum Veranstaltungszentrum, wo Tom arbeitet, und setzt ihn dort ab. Dann weiter zum Atlantikhotel ins Parkhaus. Tanja zeigt ihm, wo es lang geht und eilt voraus. Mit dem Fahrstuhl fahren sie hoch zum Deck acht, wo die Veranstaltung bereits in vollen Gang ist. Tanja geht voraus und gesellt sich zu einer der kleinen Gruppen, die sich angeregt unterhalten. Ed geht ihr hinterher und entdeckt dann seinen alten Schulfreund, der sich ebenfalls per Xing angemeldet hatte. Sie haben sich ewig nicht gesehen und unterhalten sich über frühere Zeiten.

Auch Tina drängt sich durch die Menschenmengen und geht auf den Verleger zu. Sie besprechen die zukünftige Zusammenarbeit. Tina ist froh, dass es nun doch noch geklappt hat. Bei der Gelegenheit macht sie einige Fotos für den Veranstalter, die sie auch im Internet veröffentlicht. Man tauscht hier und da Visitenkarten aus und fragt andere, was sie beruflich machen. So hat auch Ed den Gastgeber gefragt: "Und was machen Sie?"

"Ich bin der Verleger."

"Ach sooo! Meine Freundin hatte mir das erzählt. Sie machen das Heft von dem Erich."

Der Gastgeber lachte laut und erzählt den Spaß weiter. Tina ist peinlich berührt, weil sie Ed als Gast eingeladen hatte.

"Das ist mein Fahrer, den ich als Gast mitgebracht habe", so stellte sie ihn beim Verleger und dem Mitarbeiter Erich vor.

Na ja, Ed ist mal wieder voll ins Fettnäpfchen getreten. Alle haben herzlich gelacht - und Ed glaubt, er sei besonders witzig."

"Hahaha."

IM ZUG - JUNGE MUTTER

Ein ungleiches Paar steigt in Hamburg in den Zug Richtung Flensburg ein. Beide sind etwa fünfzig Jahre alt, sie klein und zierlich mit kinnlangem braunen Haar, er groß und dünn mit Halbglatze. Sie setzt sich an einen Fensterplatz. Er setzt sich ihr gegenüber und streckt seine langen Beine seitlich aus. Mit Begeisterung erzählt er von seiner Studienzeit in Berlin. „Meine Zeit in Berlin war toll. Ich wollte damals keine Freundin, ich wollte mich nur auf mein Studium konzentrieren. Das war mir wichtiger. Und ich wollte schon gar nicht an eine sogenannte junge Mutter geraten...."

„Was für eine Mutter?" unterbricht sie ihn.

„Junge Mutter. Kennst du nicht?"

„Nee."

„Das war doch so ein Trend. Da wollten junge Frauen unbedingt Mutter werden. Die haben sich extra dafür einen Mann gesucht, um das Kind dann für sich allein zu haben und zu erziehen."

„So ein Blödsinn."

„Ja, das gab es aber."

„Und wenn schon. Letztendlich bist du ja an genau so eine geraten."

„Ich? Nee! Du spinnst wohl. Die Jenny war ganz anders."

„Du hast doch erzählt, dass sie schon zwei Kinder hatte und noch eins von dir wollte."

„Ja, aber das war ganz anders. Die Jenny war ja von Anfang an ehrlich. Und das Kind hatten wir uns ja beide gewünscht."

„Obwohl ihr euch noch nicht einmal ein Jahr gekannt hattet?"

"Ja, wir haben uns eben geliebt."

„Ja, glaubst du denn, dass es Frauen gibt, die sagen würden, ich will nur ein Kind, aber keinen Mann?"

„Nee, aber ich hatte das im Gefühl, dass sie ehrlich war. Sie war immer eine gute Mutter. Ihre Kinder waren ihr am wichtigsten."

„Habt ihr denn schon zusammen gewohnt?"

„Haben wir ja überhaupt nicht. Jeder hatte seine eigene Wohnung und wir haben uns gegenseitig besucht. Ich war ja einer von den wenigen Studenten, die sich eine große Wohnung und ein Auto leisten konnten, weil ich viel gearbeitet hatte. Wir hatten viel zusammen unternommen. Ich hatte sie und die Kinder oft abgeholt und zum Essen eingeladen. Und manchmal schlief ich auch bei ihr. Ich sagte ihren Kindern, ich kann zwar nicht euer Vater sein, aber ich liebe eure Mutter und will mich um euch kümmern."

„Ja, und warum habt ihr euch trotzdem getrennt?"

„Weil sie nicht gehalten hat, was sie versprochen hat. Wir waren uns einig, dass sie mit den Kindern nachkommt, als ich wegen dem Job nach Rendsburg gezogen bin."

„Aber du hast doch vorher allein die Reise nach Mexiko unternommen und hast dich in eine andere verliebt, während deine Freundin schwanger war. Das macht man doch nicht, wenn man eine gemeinsame Zukunft plant."

„Ich wollte ja mit ihr zusammen verreisen, aber sie wollte nicht. Außerdem war das in Mexiko ja von vornherein nur eine Urlaubsliebe, weil die ja auch verheiratet war. Und ich wusste ja nicht, mit wem sich Jenny herum trieb, als ich nicht da war."

„Sie konnte doch nicht mit nach Mexiko. Wie sollte das denn gehen mit zwei kleinen Kindern und einem Baby im Bauch."

„Das hätten wir schon können. Da war ja noch die Oma."

„Hattest du ihr denn einen Plan vorgeschlagen?"

„Nein, sie wollte ja nicht."

„Also war sie auch so eine Mutter, die nur Kinder wollte, aber keinen Vater dazu. Warum hast du dann die Vaterschaft anerkannt, obwohl du nicht wissen konntest, ob du der Vater bist?"

„Ich hatte doch die Anerkennung schon vor der Reise unterschrieben, damit sie sich keine Sorgen machen brauchte."

„Geht das denn? Eine Vaterschaft anerkennen für ein Kind, das noch nicht geboren ist?"

„Natürlich geht das."

„Und hast du auch Unterhalt bezahlt?"

„Am Anfang schon. Als ich arbeitslos wurde, ging das ja nicht mehr."

„Was hast du dir bloß dabei gedacht?"

„Es war doch auch mein Wunschkind."

„Ach so. Du hattest dir plötzlich ein Kind gewünscht und dich prompt ich eine schwangere Frau verliebt."

„Bist du bescheuert? Wir haben uns doch beide ein Kind gewünscht. Und danach war sie schwanger."

„Das ging aber erstaunlich schnell. Und nach einem Jahr wart ihr schon wieder getrennt?"

„Wir hatten uns ja längst wieder versöhnt."

„Wann denn?"

„Nach acht Jahren. Sie hatte uns sogar besucht."

„Sie hat euch besucht, als du schon mit Mady verheiratet warst?"

„Spinnst du? Wir leben doch schon lange getrennt. Mady ist das sowieso egal, mit wem ich zusammen bin. Sie will nur ihre Ruhe haben."

„Wer hier wohl spinnt. Ich fasse mal zusammen. Wenn ich was falsches sage, korrigiere mich bitte ganz sachlich. Also du warst Student und hattest dir plötzlich ein Kind gewünscht, als du Jenny kennengelernt hattest."

„Warum denn nicht? Jenny war eine tolle Mutter. Sie hat sich immer gut um ihre Kinder gekümmert, obwohl ihr Mann sich aus dem Staub gemacht hatte."

„Ach so. Dann war Jenny noch mit dem anderen verheiratet, als sie dich kennenlernte?"

„Ist doch egal. Jedenfalls waren die schon getrennt."

„Und wenn du nicht vorzeitig die Vaterschaft anerkannt hättest, wäre automatisch ihr Ehemann, der schon weg war, als Vater eingetragen worden. Und du hättest nie ein Kind bekommen können, weil es mit deiner Frau ja auch nicht geklappt hat."

„So ein Blödsinn. Mady konnte keine Kinder kriegen."

„Und warum hast du deiner Frau den Vaterschaftstest verweigert, um den sie dich gebeten hatte?"

„Weil ich sicher bin, dass ich einen Sohn habe. Das spürt man doch."

„Hahaha, du Möchtegernvater."

DATE AM SEE

Es war ein schöner warmer Sonntag. Zehn Minuten vor der vereinbarten Zeit parkte Claus seinen schwarzen BMW am Treffpunkt. Ein paar Wochen vorher hatten wir uns im Parrtnerportal kennengelernt. Wir chatteten und verabredeten uns telefonisch. Er rief mich an. „Hallo Tina, ich bin schon da."

„Oh, ich beeile mich."

„Lass dir ruhig Zeit", sagte er.

Ich schaute aus dem Fenster auf den Parkplatz und sah ein Mann mit dem Handy am Ohr auf und abgehen. Etwas nervös schaute ich in den Spiegel. Die Frisur war okay. Ich trug ein schwarz-rot geblümtes Kleid.

Claus war Mitte fünfzig und sportlich aktiv wie ich. Er trug ein schwarzes Shirt und Jeans. Lächelnd ging ich ihm entgegen. Der erste Eindruck war sehr sympathisch. Ich schlug vor: „Wollen wir am See spazieren gehen?"

„Gute Idee, komm." Er hielt mir die Autotür auf. Weil das Wetter so schön war, schlug ich einen großen Spaziergang um den Einfelder See vor. Claus war einverstanden. Ich fuhr mit ihm zum See, wo wir zwei Stunden spazieren gingen. Wir erzählten uns gegenseitig aus unserem Leben, von unserer Arbeit, vom Sport und vom Reisen. In seiner Freizeit macht er regelmäßig Fitness und Sauna und geht gerne Tanzen, auf U40 Partys oder wo man halt gut Tanzen kann. Bei schönem Wetter ist er gern am Wasser, Ost- und Nordsee, Elbe und Alster, sagte er.

Zwischendurch setzten wir uns auf eine Bank und beobachteten den in der Sonne glitzernden See. Wir stellten fest, dass wir einige gemeinsame Interessen hatten, vor allem Reisen und Sport. Claus hatte eine sehr ruhige und angenehme Art zu reden und war absolut nicht langweilig. Er fragte: „Darf ich dich zu einem Kaffee oder Eis einladen?"

„Ja, gerne."

Vom Eiscafé aus schauten wir auf den von Schilf, Bäumen und einigen Sandbuchten umrahmten See. Paddelboote glitten durch das ruhige Wasser, auf dem die Sonnenstrahlen glitzerten. Auf dem Rasen, der sich vor dem Sandstrand erstreckte, genossen einige Badegäste den Sonnenschein und kühlten sich zwischendurch im See ab.

Claus erzählte vom Bodybuilding. „Wenn du magst, nehme ich dich mal mit auf so eine Veranstaltung. Dann bekommst du einen Platz in der ersten Reihe und kannst fotografieren."

Er wirkte ruhig und nett, aber ich war unschlüssig, wartete auf ein Zeichen, Begeisterung, ein Kribbeln im Bauch oder so. Aber da war nichts. Ich sagte: „Ich weiß noch nicht, ob ich dich wieder treffen möchte, ich muss erst mal drüber schlafen."

„Ich weiß genau, dass ich dich wiedersehen will. Du gefällst mir", antwortete Claus spontan.

„Du bist mir auch sehr sympathisch. Wir können ja im Laufe der Woche telefonieren."

„Ja, das machen wir. Ich ruf dich an."

Am Montag danach schrieb ich im Chat: „Hallo Claus, danke, dass du dir die Zeit genommen hast und extra zu mir gefahren bist. Es war sehr angenehm mit dir. Gehen wir nächstes Mal an der Elbe spazieren? Herzliche Grüße, Tina"

Claus antwortete: „Hallo Tina, danke, mit Dir war es auch sehr angenehm. Ja, machen wir, werde Dich dann abholen, und wieder nach Hause bringen, Liebe Grüße Claus"

Nun ist über ein Monat vergangen. Zweimal hatten wir Verabredungen telefonisch wegen Regenwetter verschoben. Dann erkältete Claus sich. Ich merkte es an seiner Stimme. Letzte Woche sagte er mir am Telefon, dass er noch nicht wieder richtig fit sei, aber seine Stimme klang wieder normal. Er wollte mich anrufen, sobald es ihm besser gehe, aber er hat sich bis heute nicht gemeldet.

Nun gehe ich allein am See spazieren und frage mich, was ich falsch gemacht habe.

FALSCHER SINGLE

Ed freut sich schon und ist ganz aufgeregt. Tina, seine neue Eroberung, kommt gleich. Sie hat angerufen, dass sie ein paar Zeitungen mitbringt, die sie gelesen hat.

„Komm rein", sagt Ed mit einer einladenden Geste. Tina bleibt stehen, gibt ihm die Tüte mit den Zeitungen und sagt: „Danke, ich will noch ´ne Runde spazieren gehen."

„Okay, dann warte kurz, ich komme mit, war heute noch gar nicht draußen."

„Okay."

Sie gehen in den nahe gelegenen Wald und drehen die Runde, die sie sonst auch mit der Sportgruppe gehen. Die Bewegung an der frischen Luft tut gut. Ed erzählt, dass er eben beim Aufräumen war und dass er noch ein Schreiben für seine Frau ausdrucken muss. Nach einer Stunde kommen sie zurück.

„Willst du auch einen Tee trinken?"

„Ja gerne", antwortet Tina und setzt sich auf das alte Sofa am Fenster zum Wintergarten. Sie greift zu einer herumliegenden Fernsehzeitschrift und sagt: „Bei dir ist es immer dunkel, auch wenn es draußen hell ist."

„Mach doch zum Lesen das Licht am Fenster an", sagt Ed und zeigt zur kleinen Lampe in der Ecke hinter dem Sofa. Tina knipst das Licht an. „Jetzt sieht man aber auch die Spinnweben da in der Ecke."

„Macht nichts, mache ich später weg", antwortet Ed ungerührt und stellt eine Tasse auf den Tisch. „Hier hast du eine Tasse, der Tee kommt gleich", sagt er und setzt sich an seinen Schreibtisch.

„Soll ich den Tee aus der Küche holen?"

„Nein, der ist erst fertig, wenn es piept", antwortet Ed. Kurz darauf ertönt ein Piepton aus der Küche. Ed steht auf, holt die Kanne Tee und seine Tasse, die er vorher schon benutzt hatte. Er schenkt ein. „Der duftet aber gut", sagt Tina und widmet sich wieder ihrer Zeitschrift. Ed setzt sich wieder an den PC und spricht leise mit sich selbst. „So, und jetzt noch, ja so geht's, so, und jetzt drucken. Verdammt! Was ist jetzt schon wieder los? So ein Mist!"

Tina reagiert nicht. Sie weiß ja, dass Ed gerne alles dramatisiert. Ed sagt: „Ja, so ist das eben bei Singles, ich schimpfe und fluche laut, wenn was nicht klappt."

Tina antwortet: „Ich bin ja ein richtiger Single. Aber bei Computerproblemen bleibe ich ganz ruhig. Wenn es nach mehreren Versuchen nicht funktioniert, überlege ich, wer mir telefonisch helfen könnte oder ich mache einfach aus und probiere es später wieder. Manchmal geht es dann plötzlich wieder."

Ed lacht aggressiv. „Richtiger Single! Hahaha! Bin ich etwa ein falscher Single?"

„Du bist verheiratet und lebst du mit deiner Frau in einem Haus."

„Na und? Wir leben getrennt. Jeder hat seine eigene Wohnung.

Es klopft an der Tür. Ed geht ins Treppenhaus und nimmt das Tablett mit dem Essen von seiner Frau entgegen.

„Ja, danke. Ich habe gerade das Schreiben fertig gemacht. Nur das Drucken klappt gerade nicht."

„Okay, guten Appetit", sagt sie und geht wieder die Treppe hoch in ihrer Wohnung. Ed stellt das Tablett auf den Tisch und sagt: „Gabi hat wieder so viel gekocht. Möchtest du auch etwas essen?" „Ja gerne, nur ein wenig probieren", antwortet Tina. Ed stellt Teller und Besteck auf den Tisch und setzt sich dazu.

„Gebratene Kartoffeln mit Gemüse, sehr lecker. Du hast das gut, wirst jeden Tag bekocht", sagt Tina.

„Ja, dafür helfe ich ihr ja auch, wenn sie was braucht. Und wenn einer von uns einkaufen geht, fragt er immer, ob der andere was braucht. Gestern sollte ich ihr ein Brötchen mitbringen und als ich es ihr geben wollte, sagte sie, das esse ich nicht, weil es nicht extra eingepackt war. Da bin ich extra noch mal zum Bäcker gefahren und habe ihr noch mal eins gekauft."

Ed schaufelt sich das Essen in den Mund und schmatzt genüsslich. Tina sagt: „Ja, so ist das in einer guten Ehe. Da muss man mit den Macken des Partners umgehen können."

Tina wartet, bis Ed fertig gegessen hat, steht auf sagt: „So, ich will auch noch was tun. Danke für den Tee und das Essen."

„Ja, und ich danke für die Zeitungen", sagt Ed freundlich. Wenn er satt ist, ist er zufrieden und richtig nett. Aber wehe, wenn er hungrig ist. Dann kann er ganz schön ungemütlich werden.

KATZENTATOO

Hella kocht vor Wut. Eigentlich wollte sie das Wochenende bei Tim verbringen. Doch vorher muss sie dringend noch was klären. Jetzt sofort will Hella von Tim die einzig richtige Antwort haben, sonst ist alles aus!

Chatverlauf (Abkürzungen, Kleinschreibung und Tippfehler sind im Chat so gewollt):

Sie:

ich weiß, es ist dir scheissegal, aber mein katzentattoo steht. is dir wayne nä?

Er:

ich sags mal so: ich finds mutig, weil abgesehn von hand und gesicht, die unterarme halt die prominentesten stellen sind.

Sie:

was in meinem zukünftigen beruf dennoch absolut keine rolle spielt.

ich wüsste außerdem nicht, warum man sich ein tattoo stechen lassen wollen würde, wenn man es nicht anschauen will, meinst nich, hm?

Er:

doch schon, ich mein nur, dass ich es mutig find, die prominentesten stellen für die ersten tattoos auszuwählen.

Sie:

aber die prominentesten sind auch die schönsten (:

Er:

mjoooa, würd ich so nich sagen.

Sie:

seh ich aber so. und darauf kommt es an. und da du nich weißt, wie mein tattoo nun aussieht, kannst du das wohl am schlechtesten von uns beiden beurteilen

und wieso hab ich das gefühl, dass mit dem "mutig" noch etwas sehr negatives mitklang?

Er:

ich möchte meine besorgnis (nicht meine kritik!) mit den philosophischen worten von pedy zum ausdruck bringen: vorfreude ist die schönste freude, doch was, wenn sie nicht freude wird?

Sie:

dann machen wir weiter. warum bist du besorgt um mich, wenn du dir selber sorgen machen musst, dass du dein tattoo morgen scheisse findest? hm?

Er:

öh, weil mir dein wohlergehen am herzen liegt?

Sie:

und deins nicht?

warum hast du dich überhaupt tattoowieren lassen, wenn du der meinung bist, dass du es eh irgendwann scheisse findest?

Er:

hab ich doch garnich behauptet.

Sie:

es könnte jederzeit so sein (:

wenn du irgendwann mal kein bock mehr auf dein blöden schwarzen fleck auf deinem unterarm hast, das wär ganz schön blöd. folglich ist das ganz schön dumm, dass du dich hast tattoowieren lassen. ne, das find ich nich gut, tim. lass es wieder wegmachen, ich bin besorgt.

Er:

no risk, no fun

Sie:

danke. da hast du meine antwort auf deine "besorgnis". und jetzt akzeptier es einfach!

Er:

tu ich ja. aber ich kann ja wohl trotzdem besorgt sein. das steht doch nicht in einem gegensätzlichen verhältnis.

Sie:

haha, was? erläuter das.

das macht absolut keinen sinn, weil es absolut widersprüchlich mit deinem handeln ist!

Er:

naja, z.b. wenn du sagst du lernst nicht für die klausur morgen (fiktiv), weil du das schon so ausm stand kannst, dann akzeptier ich das und glaube das auch, werd aber trotzdem n bissl besorgt sein.

Sie:

lässt dich tattoowieren und machst alle anderen nieder, die sich tattoowieren lassen wollen, weil du der meinung bist, dass man es irgendwann ja scheisse finden könnte, was macht das bitte für einen sinn??

hast du vielleicht bemerkt, als ich angefangen habe, zu weinen - oder nicht? ist dir das auch entgangen?

Er:

ich wollte niemanden niedermachen. ich wollte mich raushalten.

Sie:

ich will aber dass du dich einmischst, und dass du mich UNTERSTÜTZT. POSITIV, weil deine komischen negativen argumente für mich nichtig sind

Er:

das kannst du aber doch nicht erzwingen

Sie:

deine meinung is mir wichtig

Er:

und meine meinung hab ich dir gesagt.

Sie:

also findest du mein tattoo nur scheisse, darf ich das so auffassen????

gerade meintest du noch, dass man positive argumente nich erzwingen kann, also scheinst du ja keine zu haben??

Er:

ich finds halt mutig. ich würd mich das selber halt nicht trauen

Sie:

ich mich aber. und dieses mutig kann man sich in den arsch stecken, das ist rein gar kein argument

Er:

es soll ja auch gar kein argument sein. es ist nur meine auffassung

Sie:

ich will aber argumente. und deine auffassung ist mir in diesen einen fall egal. es geht mir darum, dass du mir positives feedback gibst

Er:

ääh.. wenn du ausschließlich positives feedback suchst, und negatives gar nicht zulässt....dann ist das per definition ja gar kein feedback, sondern nix mehr als "anfeuern"

Sie:

dein negatives feedback habe ich schon gehört. das positive fehlt mir. und für mich ist es im endeffekt nur positives feedback, weil dein negatives feedback nichts negatives ist. von wegen stelle das tattoos blabla...

das ist mir doch wayne, was du davon hälst, wenn ich es supergeil finde!

du eierst hier mit irgendwelchen komischen aussagen rum und laberst und laberst, aber sagst einfach nichts.

DEINE SORGEN KANNST DU DIR IN DEN ARSCH SCHIEBEN UND JETZT SAG MIR VERDAMMT NOCHMAL, WAS DU AM TATTOO GUT FINDEST!
und drucks hier nicht so derbe bescheuert rum.

Er:
ööh, ich weiß ja noch garnich, wie es im endeffekt aussehen wird. von der idee her mit der katze find ichs gut. ansonsten mach ich mir (again) nur sorgen, dass das deinen arm dann vllt. zu sehr "verdunkelt"..

Sie:
ich mags dunkel. und nun? also musst du dir keine sorgen machen. punkt.
ich hab mir das alles überlegt, sonst wäre ich ganz schön dumm, meinst nich?

Er:
meine sorgen basieren ja nicht auf dem was jetzt ist, sondern was später sein könnte...

Sie:
was wiederum scheiss egal ist, weil no risk no fun.
also hör jetzt bitte mit diesem komischen gelaber vonwegen sorgen auf. langsam fühl ich mich echt angegriffen deswegen. ich bin kein baby.

Er:
ja, ok. aufgehört

Sie:
super, aber ist dir trotzdem scheissegal, nä?(;

Er:

nöö, ganz egal isses mir nicht. sonst würd ich mir ja keine....****

Sie:

haha, lol, da kann ich mich ja nur wegschmeißen, schiebst ein auf besorgt obwohl du absolut keine ahnung hast, wies aussehen soll, alles klar, das sagt genug aus(;

willst du das richtigstellen oder habe ich recht?

Er:

naja, ich hab ja ne grobe ahnung wenigstens.

Sie:

achja? aber überprüfen willste die ahnung trotzdem nicht? Haha.

Er:

und meine *** basiert ja eher darauf, wo das tattoo hin soll, als wie es letztendlich genau aussieht.

Sie:

tim, was genau hast du jetzt an meinen ganzen aussagen nicht kapiert? was will da in deinen kopf nicht reingehen? das kann doch jetzt echt nur noch ein scherz sein.

Er:

ööh, ich weiß garnicht worauf du hinaus willst, ich finds ja gut, dass du dir so sicher bist.

Sie:

leerlauf nä? das merkt man allerdings.

Er:

wärst du dir nicht sicher und würdest das trotzdem wollen....das wäre strange.

Sie:

richtig. also halt dein maul vonwegen "vielleicht bist du dir irgendwann nicht sicher". or what? bei dem punkt waren wir eben schon, das wird lustig, willst du nochmal sagen, dass du dir sorgen machst(:

oder magst du dich einfach nicht um meine idee kümmern. das würde deine reaktionen eher erklären.

Er:

nö, es sei denn du fragst mich nochmal danach, warum das so ist.

Sie:

warum was wie ist? ich verstehe einfach nicht, wie du so hart krass immer nur auf repeat stellst kaum fang ich an, dich was zu fragen bezüglich meines tattoos oder ich teile dir einfach nur etwas bezüglich meines tattoos mit und du kommst mit der besorgnis-schiene was anderes fällt dir gar nicht ein. warum ist das so? hm?

Er:

ööh, naja, du fragst mich ja eher, warum ich dich nicht in dem maße unterstütze, in dem du das dir wünschst. und das ist darauf dann halt meine antwort.

Sie:

DU KOTZT MICH SO AN! ich hab null bock jetzt noch irgendwas dir mitzuteilen. schön, hab ich dir zu verdanken -

oder besser, hast du dir zu verdanken. denk mal nach, arschloch

Er:

ähm, ok, also erstmal erwarte ich, dass du dich für deine wortwahl entschuldigst und 2. bitte akzeptier doch einfach, dass ich mich in dieser phase da nicht so einmischen möchte. das was ich bis jetzt an ideen gesehn hab, find ich gut, nur evtl n bissl dunkellastig.

thats about it. wenn dann mal n fertige vorzeichnung da ist, gib ich gerne meinen senf dazu, wenn das gewünscht wird.

Sie:

es wird keine scheiss vorzeichnung geben, weil das tattoo direkt raufkommt an dem tag, wo die vorzeichnung gemacht wird. da kannst du kein senf mejhr dazugeben, so blöd kannst du doch nicht sein. DAS JETZT ist die vorzeichnung für die du eben nicht deinen senf dazugegeben hast und nur scheisse redest.

DU bist derjenige der sich für seine kack wortwahl entschuldigen sollte, weil DU mir gerade einfach mal alles verdirbst, worauf ich mich freue und was ich vorbereitet habe. das wars von mir. wenn von dir nichts mehr kommt, verbringe ich mein wochenende dann wohl zuhause.

danke dass du so ein toller freund bist, der mich immer so gar nicht supportet, genau das wünsch ich mir nicht. echt, danke - dein verhalten macht mich so scheisse sauer!

du kannst jeden verdammten menschen diesen fucking verlauf hier zeigen und ich kann dir garantieren, dass jeder fucking mensch es in etwa so sieht wie ich und dass jeder fucking mensch dir sagen wird, dass das nicht okay von dir war. los mach es!

mich kotzt es so an, dass wir immer so einen scheiss streit brauchen, bis du mal mit deiner aussage rausrückst.

das macht mich so fertig. du machst mich so fertig. das geht nicht mehr. ich kann das nich. ich find dich immer so hart scheisse, wenn ich etwas ernst meine und du nicht drauf eingehst. wenn du mich nich verstehst, dann sehe ich da keinen sinn drin, dass wir überhaupt miteinander reden. das wars jetz!

Juliane Drechsel,

geboren am 28.01.1956 in Maulburg (Kreis Lörrach), Fotojournalistin, Fitnesstrainerin und Weltenbummlerin aus Leidenschaft, lebt in Schleswig-Holstein und jobbt nebenbei als Reiseleiterin. Sie hat ein Sportmagazin herausgegeben, schreibt Kurzgeschichten und Erzählungen über Begegnungen, fremde Länder und magische Plätze. 2019 hat sie „Reisebegegnungen – Piraten in Kroatien" und 2020 ihren ersten Roman "Tränen am Meer - Urlaub mit Heribert" geschrieben.

Sie liebt Reisen, Sonne und Meer, Tiefgang und das gedruckte Buch. Sie beobachtet und fotografiert gerne Land und Leute, macht aus Alltäglichem etwas Besonderes. Seit einigen Jahren betreibt sie diverse Websiten. Mehr Infos und Bilder gibt es u.a. hier: www.juliane-drechsel.de